初中英语课堂教学与优化策略研究

赵学娟 著

吉林大学出版社
·长春·

图书在版编目（CIP）数据

初中英语课堂教学与优化策略研究 / 赵学娟著 . --
长春 : 吉林大学出版社 , 2022.5
    ISBN 978-7-5768-0215-3

    Ⅰ . ①初… Ⅱ . ①赵… Ⅲ . ①英语课—课堂教学—教
学研究—初中 Ⅳ . ① G633.412

    中国版本图书馆 CIP 数据核字 (2022) 第 141827 号

书　　名	初中英语课堂教学与优化策略研究	
	CHUZHONG YINGYU KETANG JIAOXUE YU YOUHUA CELÜE YANJIU	
作　　者	赵学娟　著	
策划编辑	殷丽爽	
责任编辑	殷丽爽	
责任校对	周　鑫	
装帧设计	王　斌	
出版发行	吉林大学出版社	
社　　址	长春市人民大街 4059 号	
邮政编码	130021	
发行电话	0431-89580028/29/21	
网　　址	http：// www. jlup. com. cn	
电子邮箱	jldxcbs@ sina. com	
印　　刷	天津和萱印刷有限公司	
开　　本	787mm×1092mm　1/16	
印　　张	12.25	
字　　数	200 千字	
版　　次	2022 年 5 月　第 1 版	
印　　次	2022 年 5 月　第 1 次	
书　　号	ISBN 978-7-5768-0215-3	
定　　价	72.00 元	

版权所有　　翻印必究

前　言

随着教育改革的不断深入，对学生进行综合素质教育越来越重要。英语学科是义务教育阶段一门重要的课程，英语教学主要是培养学生语言应用能力。对于不少初中学生来说，英语是一门十分头疼的学科，这与教师的教学方式有直接关系。受应试教育影响，英语教学更多是向学生讲解各种复杂的语法知识，而这对于初中学生来说十分晦涩难懂，教师忽视了学生对知识的理解能力，学生学习英语的兴趣普遍不高。因此，在教学过程中，教师要改变原有的教学方法和教学手段，优化课堂教学策略，为学生们设计出有趣味性的英语教学课堂活动，让学生可以在一个轻松、舒适的环境和氛围中完成对英语的学习，进而提升初中学生英语学科核心素养。在初中英语教学中，教师需要不断学习创新，并能够从生活中获取灵感，在日常教学中灵活掌握教学方式。良好的课堂教学策略不仅能够促进教学水平的提升，同时也使得师生之间关系更加融洽，有利于师生之间的有效沟通，英语教学会更加顺畅。因此，在课程改革的背景下，进一步优化初中英语课堂教学策略、提升英语课堂教学效果就变得尤为重要。

本书第一章为初中英语课堂教学内容，分别介绍了课堂教学导入设计、初中英语听说教学、初中英语阅读教学、初中英语写作教学和初中英语语法教学五方面内容；第二章为初中英语课堂教学基本情况，主要内容有初中英语课堂教学目标、初中英语课堂教学困境和初中英语课堂教学模式；第三章为初中英语课堂创新教学，内容包括初中英语开放式教学、初中英语情感教学、初中英语话题式教学和初中英语情境教学；第四章为初中英语课堂教学反思，主要介绍了课堂教学多元化评价、提升学生课堂参与度、加强课堂教学互动、注重课堂提问技巧、推动课堂合作学习五方面内容；第五章为初中英语课堂教学优化策略，分别介绍了翻转课堂教学模式、优化课堂教学设计、创新课堂授课方法、构建教学智慧课堂和应用现代教育技术。

在撰写本书的过程中，作者得到了许多专家学者的帮助和指导，参考了大量的学术文献,在此表示真诚的感谢。本书内容系统全面,论述条理清晰、深入浅出,但由于作者水平有限,书中难免会有疏漏之处,希望广大同行及时指正。

作者
2021 年 12 月

目录

第一章 初中英语课堂教学内容 ······ 1
    第一节 课堂教学导入设计 ······ 1
    第二节 初中英语听说教学 ······ 16
    第三节 初中英语阅读教学 ······ 24
    第四节 初中英语写作教学 ······ 43
    第五节 初中英语语法教学 ······ 53

第二章 初中英语课堂教学基本情况 ······ 65
    第一节 初中英语课堂教学目标 ······ 65
    第二节 初中英语课堂教学困境 ······ 73
    第三节 初中英语课堂教学模式 ······ 83

第三章 初中英语课堂创新教学 ······ 91
    第一节 初中英语开放式教学 ······ 91
    第二节 初中英语情感教学 ······ 96
    第三节 初中英语话题式教学 ······ 102
    第四节 初中英语情境教学 ······ 107

第四章 初中英语课堂教学反思 ······ 119
    第一节 课堂教学多元化评价 ······ 119
    第二节 提升学生课堂参与度 ······ 126

第三节 加强课堂教学互动 ……………………………………………… 132
第四节 注重课堂提问技巧 ……………………………………………… 137
第五节 推动课堂合作学习 ……………………………………………… 147

第五章 初中英语课堂教学优化策略 …………………………………… 155
第一节 翻转课堂教学模式 ……………………………………………… 155
第二节 优化课堂教学设计 ……………………………………………… 160
第三节 创新课堂授课方法 ……………………………………………… 167
第四节 构建教学智慧课堂 ……………………………………………… 172
第五节 应用现代教育技术 ……………………………………………… 175

参考文献 …………………………………………………………………… 183

第一章　初中英语课堂教学内容

初中英语是学生学习的一门关键学科，在新课改的作用下，初中英语课堂教学内容和教学模式发生了显著变化，在保证学生学习质量的基础上，还要满足学生英语学习要求。本章主要论述初中英语课堂教学内容，详细介绍了课堂教学导入设计、初中英语听说教学、初中英语阅读教学、初中英语写作教学、初中英语语法教学这几方面内容。

第一节　课堂教学导入设计

初中阶段是学生进行英语学习的关键时期，俗话说"良好的开端是成功的一半"，可见良好的课堂导入是顺利开启一堂课的关键。近年来，在素质教育改革持续深化的背景下，教师越来越重视教学方法。课堂导入是教学方法的一部分，虽然只有短短几分钟，但是教师也逐渐意识到课堂导入的重要作用。导入是课堂教学中不可或缺的一部分，课堂导入效果的好坏深深影响着整节课教学效果的成败。恰如其分地导入，不仅能够有效提高学生的学习积极性，使学生迅速进入最佳学习状态，而且也能从侧面折射出教师的教学理念与方法是否能够满足学生日益增长的个性化发展需求。而英语学科作为课程改革下的一门重要的基础性学科，如何巧设课堂导入，提高英语课堂教学有效性俨然成为每个教师必须思考的重要课题。

一、课堂教学导入的重要性

课堂导入即在一节课开始之初，教师为了引导学生做好学习新知的准备而进行的教学环节。课堂导入时间不长，不会影响整体教学进度，但是其作用不容忽视。好的课堂导入可以让学生迅速进入学习状态，将学生的注意力迅速吸引到学习知识上来，学生能够对所学知识有大概了解，并能够主动积极地投入到学习中。

对于初中生而言，其心理结构还不成熟，天性贪玩，上课容易走神，很难将注意力始终集中到课堂中。在进行教学之前，教师可以充分运用课堂导入环节，让学生对所要学的新知识充满期待，通过与学生互动，引导学生思考可能要学的知识，并带着强烈的好奇心和求知欲投入到学习状态中，为接下来整堂课的学习奠定良好的基础。

在初中英语教学中，课堂导入是学生思维的起点，是调动学生积极性的关键，是整堂课教学效率的保证。常见的课堂导入方式有温故知新法、直接导入法、问题导入法、联系实际法、游戏导入法等，教学有法，教无定法，导入也是如此，并没有固定的模式和方法。如何选择导入方式还需要教师充分结合教材内容和学生特点作综合考虑，进行导入设计，并在教学实践中不断完善和提高。

二、课堂教学导入设计的要素

（一）目的

课堂教学导入设计一般有两个目的：

一是激活学生的话题知识，或者补充话题知识。例如江苏太仓某校阅读课"The first underground in the world"文本篇幅长，与地铁有关的专有名词超过了30个。还有一个最大的问题是太仓没有地铁，学生对于地铁相关的话题知识与话题语汇相当陌生。在导入阶段就可以呈现了一幅地铁交通示意图，目的是补充与地铁相关的背景知识，并教授 line、station 等词汇。该导入活动较好地为后面的阅读打下了基础。

二是激发学生的学习兴趣。如写作课"Writing rules for our class"，有教师在导入环节让学生就"班规"发表自己的看法，从而引出课题即写作任务，并告诉学生他们共同写到的 rules 会成为班级真正的"班规"。实践证明，该引入活动极大地调动了学生的写作兴趣。

（二）情景

课堂导入设计也需要"情景"的创设。情景往往是一个话题，但要将学生纳入话题中，就需要教师创设情景，让学生清楚他们在该情景中的角色，他们身处何地何时，需要完成什么任务。例如让学生就一张图片进行提问，图片即情景，以听力课"A flight trip"为例分析，教师在导入环节提出以下几个问题：Have you ever taken a plane？ How many of you have taken a plane？ Have you seen a plane ticket ? What kind of information can you see/do you expect to see on a plane ticket ? 在该活动中，教师创设了一个"乘坐飞机"的虚拟情景，要求学生根据经历谈论或猜测机票上的信息类型，从而为听力任务打下基础。

情景的创设有时需要借助资源。一般而言，图片（包括教材中的图片）、与学生学习基础和教学内容契合的短视频、简短的文字等都是可利用的资源。在上面的听力课案例中，也有教师为学生呈现了一张机票的图片，这同样能为引入活动的开展起到促进作用。

（三）指令

在设计导入活动时，教师要同步思考"指令"的设计。指令设计得好，能提高导入活动的效率。指令一般包含活动的形式、时间、结果等，同时要设计好问题。以下是一个典型的导入活动的指令：Today we are going to talk about France. How many of you have been to France? Raise your hands，please…Well，talking about France，what comes into your mind? Now everyone，take a piece of paper，write down as many things as you can think of.You have 30 seconds.Then in groups choose 10 things and each group leader will write the 10 things on the blackboard.Now start.

三、课堂教学导入设计的要求

（一）符合学生的心理特征和年龄特点

心理学家皮亚杰认为，个体的发展是在与周围环境不断作用下其心理结构不断变化的过程，因此课堂导入需要根据不同阶段学生的心理特征和年龄特点来合理安排设计。初中学生一方面有了更强的自我意识，性格方面也比较叛逆，凡事喜欢以自我为中心，迫切想证明自己独立成熟的一面；另一方面他们又保留着孩子的天性，爱玩爱闹，同时情感细腻，一点儿小事也会触及其内心。在英语教学中，课堂导入需要充分考虑学生的特点，根据不同年级学生的知识储备和英语能力设计科学的课堂导入。

（二）充分调动学生学习积极性

建构主义理论认为，教师在教学活动中扮演的是帮助学生积极主动建构知识的角色，为学生创设一定的情境，促进学生积极主动学习。因此，建构主义理论下的课堂导入环节需要重视学生的主体性，以环境影响学生行为，最大限度发挥情境的作用，引导学生主动构建知识。课堂导入则是重要的情境创设环境，初中英语教师可以采用幽默风趣的语言、丰富有趣的游戏等进行多样化的课堂导入，将原本沉闷压抑的英语课堂变得生动有趣，学生在轻松愉悦的氛围中更加喜欢英语学习。

（三）合理设计问题

对学生进行难度适当的提问有利于学生发现自身知识漏洞，及时了解个人不足。在一节课的教学中，教师提出一个问题，可能部分学生会处于神游状态，根本没有听进去，有的学生听到了，但是脑子不一定会快速运转对其进行思考。但是在课堂导入环节，教师合理引入问题，由于学生刚刚进行课间放松，大脑得到了休息缓解，注意力更为集中，教师抛出问题后学生往往会做出及时反应，进行积极思考。因此，教师要利用好课堂导入环节，根据接下来要学习的内容设计与之相关的问题，让学生带着问题进行新知识的学习，使学生的学习更有动力和针对性。

（四）激发学习兴趣

初中英语课堂导入有多种形式，也有多种内容可供选择，成功的课堂导入的重要标志之一是激发学生的学习兴趣，使学生以积极的状态投入课堂学习，并在后续的学习环节中，保持思维活跃，顺利进入深度学习状态，掌握大量英语知识，进而产生强烈的成就感。

（五）严格控制时间

英语课堂的导入环节不宜花费太长的时间，应严格将时间控制在3至5分钟。如果整节课教师都围绕着导入的内容来开展，就会影响接下来的新课教学。因此，在导入新课时，教师应做到言简意赅，同时也要注意导入新课不是一笔带过，不能过分压缩时间。总之，在新课导入环节，教师应充分利用有限的时间发挥实效，集中学生的注意力，并顺利引出新课。

（六）把握好活跃度

在导入环节，教师需要活跃课堂气氛，激发学生的学习兴趣，但也要注意把控好这个度，如果气氛过于活跃，会导致学生以玩的心态来看待这节英语课，甚至对学生英语知识的学习产生一些负面影响。在导入环节中，如果班级氛围过于活跃，制造出大的动静，也会影响其他班级正常上课，这也是教师在进行课堂导入时需要特别注意的事项。基于此，教师应注意控制好课堂教学的活跃度，不可过分放松，也不能过分压抑。

（七）加强师生互动

英语课堂的导入环节应坚持以学生为中心，避免出现教师的"一言堂"现象。教师应在导入环节，加强与学生的互动，突出学生的主体地位，使学生感受到被尊重，从而保持积极的学习态度。课堂提问不仅是一种有效的互动形式，还能为学生提供发言的机会，让被提问的学生成为课堂的焦点。例如，教学"Sports and Games"时，在课堂导入环节，教师可引导学生认识各种各样的体育运动，并与学生互动，了解学生对哪些体育运动感兴趣。教师可以以聊天的形式导入，消除师生之间的距离感，调动学生的学习积极性，使其体验到英语学习的乐趣。

四、不同课型导入活动的设计

（一）听说课

听说课的导入活动往往依据新课的话题来创设语境，激活学生的话题知识和生活经历。情景的创设可以借助图片，也可以直接采用 free talk 的形式。以下案例是典型的听说课导入活动：

例1：Buying different foods

导入活动：教师呈现 shopping bag 的图片，让学生谈论自己的购物经历。

分析：教师通过问题来启发学生：Do you often go shopping by yourself？What do you often buy？使学生回忆自己独立购物的经历，思考更多与购物相关的要素，如 where to go shopping，how much to pay，同时引出本课的教学内容。

例2：Ideas about the future of our school

导入活动：Recall what changes the younger students would like to see in Mr Hu's school.

分析：该导入活动引导学生回忆上一节课所学内容，并进行两两对话，为新课内容做好准备。活动简洁、朴素，但效益颇高。

（二）阅读课

教师在阅读课导入活动时常常会根据话题采用 free talk 的形式，也有结合读前活动，让学生对文本中的插图、标题进行谈论。以下是典型的阅读课的导入活动。

例1：Numbers：Everyone's language

导入活动：Have a free talk on the topic "Numbers".

分析：阅读文本是说明文，内容比较枯燥，话题较难引起学生的兴趣。教师让学生谈论"数字"，旨在激活学生的话题知识，并激发学生的阅读兴趣。在活动过程中，教师提出以下问题：Can you think of anything that is related to numbers in our classroom/in our body/in our life? What do you think of numbers? What can we do with numbers? Without numbers, what can't we do? 这些问题不仅引发了学生去认真观察、积极思考，而且在一定程度上激发了学生的批判性思维，并活跃了课堂气氛。

例2：The Leaning Tower of Pisa

导入活动：

Step1：Have a free talk on the topic "Tower".

Step2：Raise questions according to the title of the passage.

分析：该活动包含两个步骤：一是让学生谈论"塔"，激活学生的话题知识并适当呈现不同地方、不同类型和不同用途的塔，启发学生思考问题时要有分类意识。二是围绕课文的标题进行提问。学生提出了以下问题：Where is the tower? What's the meaning of "leaning"? Why is the tower leaning? When was it built? Why was it built? 教师及时将问题中的疑问词进行板书，并让学生带着这些问题开始阅读。该导入活动实际上也是读前活动的替代。

（三）写作课

写作课导入活动一般有两个目的：一是激活学生的话题知识和生活经历，为写作的内容输入做铺垫，这常常以话题讨论的形式进行；二是为写作做必要输入，尤其是语言输入，相当于一个写前活动。

例：Preparing for a picnic

教学重点：Writing a picnic plan with personalized reasons for food choices.

导入活动：Have a free talk about picnic experiences.

分析：该导入活动采用话题谈论的形式，激活学生有关 picnic 和 make a plan 的经历。活动结合单元阅读和听说的学习内容，引导学生说出 preparing a picnic 的要素。学生通过"头脑风暴"的形式想到了许多要素，教师引导学生对这些要素进行归类、筛选，最终确定如下要素（并板书）：where to go, what to do, what to bring, when to start, how to get there, whom to go with, how long to stay, how much money to spend。教师进而引导学生就其中的一点内容进行深入思考。该活动有效地激活了学生的思维，为学生写出具有个性化内容的作文打下了基础。

五、课堂教学导入设计常用方法

（一）开门见山，直接导入

开门见山，直接导入是一种最为常见的导入方法，它以直接切入主题的方式让学生能够迅速进入到学习状态，并一针见血地道出知识的奥秘所在，从而有效吸引学生的注意力，提高其学习兴趣。这种导入法虽较为普通，但普通并不意味着平庸、无用。对于教师来说，让学生"见山"容易，开学生心灵之门则具有一定难度。在初中英语教学中，教师应以教学内容为依据，保证导入内容不脱离教学内容，并结合学生的学习心理精心设计导入，既要有普适性，同时，也要具备针对性，从而让导入真正能够开学生思维之门，让其见英语智慧之山。

例如，在上英语课时，旨在提升英语课堂教学有效性，教师应从导入环节入手，并以开门见山的导入方法来展开。一方面，教师应积极备课，在课下做好与教材内容相关的教案，并设计与学生现有知识水平相符合的教学目标，同时，也要考虑到教学中可能出现的不确定性，要使教学内容和目标具有一定的灵活性，从而为高效课堂做好准备。另一方面，教师应精心设计导入方式和内容，力求开学生思维之"门"，让其见英语魅力之"山"，比如，可以以重点单词进行导入，让学生以单词为起点，遣词造句，引出对课文内容的探讨。又如，可以以本课重点对话作导入，让学生在课堂上共同探究对话中蕴涵的丰富的语言知识，从而引出新课，为进一步教学奠定基础。如此一来，能够避免传统"单词——句子——课文"的教学思路，转而以其中任意一部分为主，集中学生注意力，引发学生自主探究的欲望。

（二）温故知新，复习导入

建立新旧知识之间的衔接，促进知识迁移，有助于协助学生自主建立完整的知识体系，提高学习能力。因此，在初中英语教学中，教师应以旧引新，让学生温故而知新，在原有知识的基础上产生对新知识的深入思考，从而有效激发学生探究知识的欲望。例如，在上英语课时，为了提高课堂教学有效性，教师应以旧知识作为导入，以活跃学生思维。一方面，教师应根据教材内容，精心设计教案，并通过多媒体的方式展示课件,让学生对本课知识点有初步的了解。之后,再通过其中一个知识点,引导学生在课堂上回忆与之相关的旧知识,比如,讲解一般过去时这个时态时,应以一般现在时作为导入,并联系学生已学过的其他时态,帮助学生建立一定的语法体系;另一方面,为了达到以旧引新的效果,教师不仅要把旧知识作为一个切入点,更要将其看作是一个探究点,引导学生在新旧知识之间发掘英语词汇、句子、语法之间的有机联系,并在课堂上交流自己的看法,以锻炼学生的英语思维。如此一来,能够让学生在导入中掌握一定的英语学习思路,提高学习的主动性。

(三)创设环境,情境导入

环境影响人,好的环境能够激发学生的学习斗志。长期以来,教师在台上,学生在台下,这"一上一下"的环境虽有其合理之处,但久而久之,会压抑学生的学习积极性,使学生养成被动接受知识的习惯。无法改变环境,不如创造一个特定的"环境",情境教学的优势便在于此。因此,在初中英语教学中,教师可以根据教学内容,创设合理的教学情境,激发学生情感,使学生身临其境,看到英语学科的另一面,从而有效提高学习效率。例如,在上英语课时,为了提高课堂教学效果,教师应在导入环节下足功夫,并精心设计情境导入。一方面,教师应从外部环境入手,根据教学要求创造良好的课堂氛围。比如,在进行作文教学时,教师可以通过创造一个畅所欲言的环境,引导学生在课堂上与题目相关的知识展开充分交流,并初步模拟写作思路,以活跃写作思维。在此过程中,教师应为主导,做到积极引导、鼓励学生,让学生步步为营,掌握写作的奥秘。另一方面,教师应以学生为主体,让学生自主创造环境。比如,让学生根据教材内容,通过模仿对话练习、自主设计对话等方式营造浓厚的学习氛围,激发学生的学习斗志,让学生能够消除对英语的陌生感,看到简单而有趣的一面。如此一来,能够为深入教学奠定坚实的基础。

(四)运用技术,媒体导入

多媒体技术的便捷之处在于能够"于无声处听惊雷",潜移默化地提升学生的学习兴趣,让课堂充满现代气息,满足学生个性化的学习需求。因此,在初中英语教学中,教师应通过多媒体技术的图文并茂的特点,多角度调动学生的情绪,并丰富知识呈现方式,以有效突破教学难点,巩固教学效果。例如,在上英语课时,为提高课堂教学效果,教师应以多媒体的手段设计教案,精心导入。首先,教师应积极备课，制作 PPT 课件，并根据学生的学习能力，将课件内容多样化，既要突出重难点，也要有简易点，由易到难，难易相间，让学生充分思考知识，并逐步在探究中提高自身的学习能力，这就相当于为每个学生精心打造一个符合其能力发展的课件；之后，教师再运用技术手段，通过图文并茂和视频的形式导入新课，激发学生的学习欲望，满足学生的个性化心理，以达到预期的教学效果。需要注意的是，在运用多媒体手段的过程中，教师应积极发挥其优势，避免劣势，做到让技术真正为教学服务。

（五）挖掘生活，经验导入

生活虽然不是知识的唯一来源，但却是最好的来源，生活处处皆学问，任何一门学科都与生活有着或浅或深的联系，将生活与课堂教学有机结合起来，不仅能够提高学生的学习积极性，而且有助于学生更好地理解并应用知识。而英语作为语言学科更是与生活水乳交融，紧密联系。因此，在初中英语教学中，教师应从与学生紧密相关的生活入手，挖掘生活中的有用信息，结合学生已有的经验展开课堂导入，以增强学生对知识的理解，提高学好英语的信心。例如，在上英语课时，为了提高课堂导入效果，教师应以经验导入的方式展开。首先，教师应根据教材内容，精选生活中的案例，作为引子，激发学生对知识的思考。之后，再依据上个环节中学生的表现，结合自身的教学经验，将案例深入化，并融入教材，提高教学深度的同时，增强教学的活力；最后，再引导学生梳理本课相关知识点，总结经验，为构建自身的英语知识宝库做好实质性铺垫。

六、课堂教学导入设计存在的问题

（一）导入环节设计过于冗长

在初中英语教师的教学课堂上，由于初中英语教师为学生们所设计的导入环节过于冗长，所以浪费了学生们大量的英语课堂学习时间，一部分英语教师为了能够吸引学生的目光，希望通过全程冗长的课堂导入让学生尽可能地学习到知识，提高教学成绩。所以在这种情况下，就占用了学生们大量的英语学习时间，学生身在课堂却无法集中注意力。所以，教师在设计英语课堂教学方法的时候，必须要注意遵循简洁、明了、清晰的课堂导入原则，为学生们营造出良好的英语课堂学习环境。

（二）导入设计的内容时效性不强

目前来看，一部分的初中英语教师基本都是按照自己原本的教学模式，把已有的教学经验和教学理念导入英语课堂中来，按部就班地按照英语教学的学案，为学生们设计英语课堂的导入环节。受传统教学观念的影响，教师对课堂导入环节的设计不用心，比较老旧，已经不能适应时代的进步和发展，这种课堂导入让学生对英语的兴趣不高，对学生发散思维的发展十分不利，也无法激发学生对英语的学习潜力，对学生们英语学科核心素养的培养造成了一定的影响。

（三）课堂导入设计的整体性不足

教师在英语授课过程中，过分注重课堂导入环节，导致英语课堂的重点内容无法引起学生的重视，导致头重脚轻，让教师失去了对整堂课的把控。还有的教师设计的课堂导入内容相对零散，这样会让学生对本堂英语课程的教学目标和重点理不清楚，在学生们进行自主学习的过程中，也很难根据英语教师设计的课堂导入环节合理安排自己的学习时间，学生们无法真正掌握英语课程学习的重点和难点，久而久之，就会导致学生们的思维混乱，不利于英语系统化的学习，同时也无法提供学生们的课堂学习效率。

七、课堂教学导入设计的有效策略

一个有趣味性的课堂导入可以增加学生学习的积极性，可以让学生有机会去表达自己的观点，参与讨论。让学生在不知不觉中增加知识储备，有效提高学生们的英语课堂学习效率，同时还可以让学生们全身心地融入英语的教学课堂当中。初中英语教师首先要改变原有的教学模式，结合新课程改革的基本要求，为学生们设计出全新的英语教学目标和教学任务，确保学生们可以以最好的状态投入到英语课堂的学习当中。课堂导入的重要性不言而喻，而导入形式也不一而足，如何进行导入形式的设计，既能够轻松实现引出即将要学习的新知识，又能让学生对此充满兴趣是课堂导入的重点。初中英语教学的课堂导入设计策略有以下几方面：

（一）课本知识与实际生活相结合

初中学生对于英语的理解似乎就是一门需要考试的重要科目，但是英语教学最终的目的不是为了学会做题，而是让学生通过学习和练习真正掌握这门语言，在未来能够更好地运用它。但是纵观英语学习现状，学生似乎成了英语分数的"奴隶"，被英语的卷面分数裹挟着被迫学习，而卷面分数与学生实际英语交流能力并没有太大关系。素质教育背景下，英语教师需要意识到英语的实际应用价值，在进行英语教学时重视将英语教学与实际生活相结合，在课堂导入中引入更多生活元素，将教学与生活巧妙融合在一起，逐渐让学生学会将英语知识从书本搬到实际生活中，成为英语学习的主人。

英语是一种语言，学习英语的最终目的是与人交流，具有较强的实践性，因此英语的课堂导入要体现理论与实际相联系的原则。英语的理论知识较为枯燥，但使用英语与人交流则是一个非常有趣的过程，需要学生具有灵活的思维，并且能较好地组织语言。因此，在英语课堂导入环节，教师要做到理论与实际相结合，引领学生真正走进英语课堂。

例如，在进行"Saving the Earth"这一单元的课堂导入时，教师可以通过展示同一个地方不同时期的变化来引发学生的思考，可以以遭到污染的河流为例，对比污染前清澈见底的河水、欢快自由的鱼儿和污染后浑浊的污水、杂乱不堪的环境。在学生看了图片后邀请学生谈一谈自己的看法，或者谈一谈自己身边发生的一些破坏环境的问题。近年来，环境问题十分严峻，每个人身边都存在着环境污染的问题，而地球是人类唯一赖以生存的家园，严重的环境问题对地球生态系统造成了重大的破坏。学生可以就身边的环境问题用英语简单谈一谈。教师通过结合身边实际问题来引导学生进行这一单元知识的学习，学生会更加迫切地想了解地球究竟发生了什么，而身为学生的自己该如何去做，从而帮助学生将注意力转移到英语学习上来。

例如，在教学"All kinds of food"时，在导入环节，教师可建立英语知识与实际生活的联系，询问学生平时都喜欢吃什么食物。学生的答案五花八门，与本节课有关的回答有香蕉、苹果、土豆等。之后，教师让学生将自己喜欢的食物划分到正确的类别中，类别包括蔬菜类和水果类等。通过这样的课堂导入环节，学生对本节课的内容有了大致的了解，同时意识到自己的生活与英语有着密切的联系，进而积极投入英语学习活动中，在思考教师提出的问题时，增强了自主学习意识。

（二）创设情境，提高学习积极性

学生的学习是学生个人努力和外部环境共同作用的结果，外部环境包括教育教学方法、教室环境、教学设备等，学习内因则只有学生自身一个方面。在学习过程中，学生很难改变外部环境，唯一能改变的就是自己。而对于教师来说，可以通过各种方法为学生创造良好的外部环境，以外部环境驱动学生的内在学习动力。例如，我们所熟知的"孟母三迁"的故事就是以改变外部环境影响孟子行为，让其最终成为一代学者的例子。在初中英语教学中，课堂导入也需要结合所要学习的课本内容为学生创设良好的学习情境，学生不再是学习的旁观者，而是完全融入学习氛围中，沉浸在学习状态中，不知不觉间完成知识的积累。

例如，在进行"Amazing Science"这节课的教学时，在课堂导入环节，教师可以利用多媒体播放短片为学生展现我国太空发展史，教师可以对相关图片或者视频进行剪辑，借助有趣而真实的太空图片，激发学生参与探究的兴趣，学生看到后会有很大触动，教师可以引导学生思考并运用语言进行交流，鼓励学生将英语应用于科学领域，并自然过渡到新知识的学习。

例如，教师在引导学生们学习"shopping"的英文对话时，英语教师为了更好地引起学生们对于购物话题的兴趣，可以首先让学生们进行简单的英语购物模拟，鼓励学生们大胆在课堂上表现自己。英语教师可以为学生们合理划分两个英语学习小组，一组的同学扮演 customer，而另一个小组的学生则扮演 shop assistant 英语教师通过让这两组的学生互相轮流扮演角色，激起学生们用英语购物的欲望，从面充分吸引学生们的英语课堂学习兴趣，顺理成章地展开英语课堂的教学活动。初中英语教师通过创建英语情境的方式开展教学，可以让学生对英语课堂更加感兴趣，并在接下来的教学中加深英语学习内容的印象，大大提高了英语教学的教学效果。

此外，游戏导入法也是不错的方式，符合初中生爱玩的个性，也很容易激发学生的学习兴趣。英语教师可以根据所要学习的内容合理设计一些小游戏，在课堂导入环节营造轻松活泼的学习氛围，激发学生对英语课的期待。以"Different Looks"这一单元的教学为例，课堂导入环节可以设计一个小游戏。教师可以邀请五名学生上台，第一名学生要说出第二名学生与其他学生不同的地方，例如"He has a big nose"。第二名学生则要指出第三名学生的不同之处，以此类推并且可以重复进行，没有说出不同的学生被淘汰，胜利者可以获得奖励。通过游戏导入，学生能够在游戏中了解到本节课需学习到的内容，同时在游戏中学生需要用英语积极思考，在短时间内迅速做出反应，锻炼学生主动思考的能力，学生的学习积极性得到极大调动。

（三）设置问题，突出学生主体地位

兴趣能调动学生的学习积极性，而疑问则是学生产生学习兴趣的重要来源。

在初中英语教学课堂导入中，教师应当适当设置一些问题，利用问题引导学生进行思考，无论学生是否能够及时给出正确答案。教师也不必立刻解决问题，学生回答正确与否无需回应，让学生自己想到底对不对，从而引起学生强烈的好奇心，初中学生往往喜欢争强好胜，当出现不同答案时都迫切希望自己是对的那一个。教师可以利用学生的这一心理，提出难度适中、具有发散性思维的问题，针对问题，学生可能会回答出许多个答案，而下一步则是引导学生带着问题来进行一节课的学习，通过学习来最终知晓自己的回答是否正确。

例如，在进行"Our Hobbies"这一课的教学时，教师可以让学生猜测自己喜欢做的事，无论学生给出什么样的答案都不必回答，并且告诉学生在接下来的教学内容中就有老师喜欢做的事，待会儿老师可以给大家展示一下。学生会对教师所喜欢的事情充满好奇，并期待教师接下来的表演。设置一定的问题能够让学生针对问题充分发挥想象，并在学习中将所学知识与问题相联系，让学生真正成为学习的主体。在这节课结束后，教师可以告诉学生自己最喜欢的事情是网络购物，以一句"现在课程结束，老师要购物去喽"的轻松幽默方式完成教学，给学生留下深刻的印象。

（四）丰富课堂的导入形式

导入的形式不够新颖就很难激发学生的学习兴趣，所以教师要创新导入形式。

1. 用表演的形式导入

英语是国际通用语言，其重要性不言而喻，但是仍有很多学生认为自己使用英语的机会很少，学习英语的难度又很大，所以对英语学习提不起兴趣。在课堂上，教师应为学生提供锻炼口语表达能力的机会，以提高学生的英语应用能力。为此，教师可在导入环节让学生以小组合作的形式在课堂上应用英语表演情景剧。表演式的导入会打破沉闷的课堂氛围，激发学生的英语学习兴趣，助力学生更好地学习英语。

2. 以游戏的形式导入

初中生大多比较活泼，思维也很敏捷，在课堂上表现得非常活跃。教师应注重营造轻松和活跃的课堂氛围，为师生互动和生生互动提供助力。而用游戏的形式导入不失为活跃课堂氛围的有效手段。教师可以创设这样的游戏形式，如播放一首英文歌，让学生在这期间传递英语书，歌曲停止后，书在谁的手上，就由谁来回答课堂的第一个问题。这个游戏能有效地将学生的注意力集中到课堂学习中来。

3. 采用新闻导入形式

教师可以选用当日的新闻事件，加深学生对这节课所学英语知识的印象，进而提高学生英语学习的效率。

4. 应用故事的课前导入

由于学生都喜欢听故事，且故事情节动人、精彩，富有感染力，教师将故事引入课堂教学中，能起到增强英语课堂吸引力的作用。因此，在导入环节，教师可采用讲故事的方式进行，让学生快速进入学习状态。在教学"Do you watch a game show？"这一节时，教师可利用学生对历史故事比较感兴趣这一特点，通过讲历史小故事来完成课堂的导入。这样不仅能加深学生对历史文化的了解，还可以通过对比其他国家的历史文化，使学生能用比较客观和科学的态度来解读世界历史的发展历程。教师可在互联网上搜索相关故事或时事，以丰富故事导入的形式和内容。这些时事容易引发初中生的讨论热潮，引导学生积极参与到英语课堂探究讨论环节中。比如，在教学与"Natural disasters"相关的内容时，在课堂的导入环节，教师就可以引用我国近几年发生的自然灾害，包括泥石流、地震、洪水、山体滑坡等。事实上，这些自然灾害与学生的生活息息相关，具有一定的警醒作用，能有效将学生的注意力拉回到英语课堂上，也能让学生以积极的态度来完成这节英语课的学习。

5. 歌曲影视作品的导入

英语与音乐有紧密的联系，英语是一种实用性语言，而音乐是一种艺术性语言，有非常强的感染力。在英语课堂导入环节，教师利用导入的音乐作品引出本节课要学习的新知识，能有效吸引学生的注意力，调动学生的学习积极性。比如，在教学"Weather and Seasons"时，教师可采用英语歌曲导入的方式，并配合生动形象的动画，以激发学生的学习兴趣，使其全身心投入到学习中。

课堂导入环节选择的歌曲要有比较强的针对性，一是要与教学的内容高度相关，而不应该是教学的"累赘"。二是要与学生的年龄特点相符合，同时也要符合学生的心理特点，能够激发学生的求知欲。三是应富有时代性色彩。比如，教学"Amazing things"时，在导入环节，教师可采用《功夫熊猫》的视频片段，这样拟人化的影视作品能成功吸引学生的注意力，让学生更好融入课堂教学中。

（五）借助多媒体助力导入设计

"互联网+"教育已经是一个普遍的共识，可以借助信息化手段构建更加高效的课堂教学模式。现在初中英语中出现的问题很多，多媒体教学模式可以为初中英语教学增光添彩，让学生增加对英语课堂的学习兴趣。多媒体技术有多种多样的导入方式，如歌曲、动画等。比如，教师引导学生们学习"clothes"等相关的英语词汇时，英语教师就可以借助多媒体技术，为学生们播放相关的英语教学视频，在这个视频当中，可以向学生们分别展示春、夏、秋、冬四季的人们衣着的变化，以此来吸引学生们的好奇心，让教师可以更好地引入接下来英语课堂的真正内容。

例如，在教学"About DIY"一课时，在导入环节，教师就可用多媒体展示DIY 的过程及 DIY 的成品。多媒体视频和图片色彩鲜艳，能吸引学生的注意力，使其对本课学习产生浓厚的兴趣。此外，在展示这些 DIY 图片时，教师可添加本节课要学习的英语单词，让学生以饱满的学习热情参与到后续的学习活动中。通过多媒体可以更好地减少课堂导入时间，让学生能够集中注意力，融入英语的教学课堂当中。

综上所述，对于学生来说，课堂导入是课堂真正的开始，是师生交流的第一步，学生能否在课堂上保持注意力高度集中是由课堂导入这个环节决定的。对于教师来说，课堂导入的意义在于让课堂真正做到引人入胜，使课堂教学如风行水上，自然流畅。作为一名优秀的英语教师，应时刻保持忧患意识和坚定的育人初心，在保证教学导入环节的丰富性和灵活性之外，还要做好其他环节的工作，以保证为学生呈现一个精彩、互动、具有意义的英语课堂。

（六）以结合为特色的导入

以结合为特色的导入形式有英语词汇与游戏的结合、英语口语与情境的结合、写作与名著的结合。

第一，将英语词汇与游戏结合起来。学生要想学好英语，提高英语单词积累量是非常必要的。教师应严格要求学生，确保学生的词汇积累量能随着学习时间的推移而不断增加，同时也要引导学生在日常学习中，探索出有效掌握单词的方法。在导入环节中，为了优化学生记忆单词的效果，教师可将记忆单词与游戏结合起来。游戏教学模式体现了寓教于乐的教学理念，能提高教师与学生互动的有效性。

第二，英语口语与情境的结合。初中阶段是训练学生英语口语能力的关键时期。当学生能比较熟练地开口说英语时，其自信心也会有所增强。为激发学生开口说英语的兴趣，教师可以用情境创设的方式来导入新课，使学生能够完全置身于口语环境中。在课堂上，教师完成语言情境的创设后，可向学生讲解词汇的正确运用方法。当学生带着浓厚兴趣来学习词汇时，能获得较好的学习效果。当完成学习任务后，学生就能成功表达自己的想法，真正实现学以致用。

例如，在教学"People and Places"时，在导入环节，教师可创设外出旅游的情境，引导学生用英语描述祖国的大好山河。首先，教师可先向学生介绍句型的用法，让学生学会表达"我站在中国的长城上与你说话"；其次，为丰富学生表达的内容，教师还需要教给学生其他的句型，通过创建某种使用英语交流的情境，有效引导学生开口说英语；最后，在后续的学习活动中，教师可以把学生两两分为一组，正式用英语练习对话。教师采用创造情境与口语练习结合的导入形式，不仅能提高学生学习英语的热情，提高学生的英语口语表达能力，还能提高学生的学习效率和学习质量。

第三，写作与名著阅读的结合。写作教学是英语教学的重要组成部分，也是教学的难点。教师将写作与名著阅读结合起来，能拓展学生的写作思路，丰富学生的写作灵感，提高学生的英语表达能力。名著的内容大多比较丰富，能有效增加初中生的知识储备，这些著名作品的写作形式和表达的思想都值得学生深入研究和学习。通过阅读这些著名的作品，学生能提高英语学习技能。教师可以向学生推荐一些优秀的英语名著作品，其难易程度要适合初中生阅读。教师也可以向学生推荐一些改编自著名作品的电影，使学生对西方文化和思想有更深入地认识。这既能提高学生的词汇量，也能培养学生的英语综合素养。初中阶段，教科书是学生学习英语的主要材料，由于教科书的内容有限，教师可引导学生根据自身的英语水平和兴趣选择一些著名的英语作品来阅读，积累更多的语言知识，这是丰富写作素材的有效途径。适合初中生的阅读的英语名著有 Gulliver's Travels，Treasure island，The twins，另外还有一些趣味性很强且比较容易阅读的英语名著作品，有 Under the moon，The Bronte family，Coldest place in the world。很多学生对英语名著非常感兴趣，但是学生不知道应该读哪一本，教师根据自身经验在课堂导入环节向学生简单介绍英语名著，拓展初中生的英语文化视野，强化文学思想，也为后续作文教学活动做好铺垫。

第二节　初中英语听说教学

随着经济全球化的趋势不断加快，英语的重要性日益凸显。英语是学生必须掌握的一门外语科目，同时也具有较高的实用价值，学好英语有利于学生未来的职业发展，促进人际交往，适应工作岗位，激发学生参与竞争的积极性。在全面课程改革的大背景之下，英语听、说、读、写四大基本技能受到了义务教育阶段教学的重视，而听说教学相对于写作、阅读来说，考验的是学生的综合英语水平，对学生的英语素质有一定的要求，难度比较大，让学生学习学起来有些困难。在初中英语听说教学中，教师要找出听说学习存在的问题，有意识地提高学生听力水平，加强对学生英语综合素质的培养。

一、英语听说教学概述

英语语言能力是英语核心素养的基础，英语语言能力包括听、说、读、写四项能力。"听"和"读"是语言理解的过程，"说"和"写"是语言表达的过程，"听"和"读"是语言输入，"说"和"写"是语言输出。

二、初中英语听说教学的重要意义

（一）改变不合理的英语教学现状

目前初中英语教学现状表现为重笔试成绩、轻语言交流，重视英语听说教学有助于改变这种不合理的英语教学现状。在核心素养视角下，重视英语听说教学，开发英语听说教程，能够培养学生的英语听说能力，激发学生英语学习的兴趣，有助于全面提升学生的英语综合素养，提升学生在真实英语语境下的理解与交流能力。

（二）提升教师自身专业发展水平

英语作为一门实践性很强的学科，更需要英语教师具备丰富的实践性知识。在听力及口语教程开发和教学过程中，教师是英语听说教程开发和教学的主体，教师对素材的选取和教法的实施具有主动权，英语听说教程开发是英语教师提高专业素质的基础，是促进英语教学质量提高的重要条件。

（三）促进英语交际的顺利完成

顺利完成英语交际离不开良好的英语听说能力，良好的英语听说能力可以使学生在听别人说英语的同时快速获取关键信息，从而减少理解英语的时间并与他人流利交流。另外，占据英语交际时间最长的也是听说，根据相关研究显示在整个英语交际中有近一半的时间在听他人讲英语并梳理听到的英语信息。听者主要在讲话者说话的过程中获取相关信息,而讲话者通过说话传递自己的想法以及信息数据,最后由听者给出相应的反应。"读""写"的基础条件即为"听",倾听是一个主动的行为。在很多地方英语听力已成为初中英语考试的一部分,可见听力教学的开展对学生的发展有重要意义。在英语听说教学活动的实施过程中,教师要培养学生获取关键信息的能力。基于此,灵活、熟练地将关键信息进行加工、处理、归纳、分析等。想要培养学生综合英语能力就要重视听说教学。因此,初中英语教师应不断培养学生听英语和说英语的能力,为其交际能力以及英语使用能力的提升打下基础。

三、初中英语听说教学面临的问题

学好英语是未来学习和生活的敲门砖,同时英语也是义务教育阶段的重点科目之一。很多学生面对初中英语听说时存在一定的畏难情绪,觉得难度较大。但是,要认识到听说能够最大限度地反映英语世界国家的文化,只有把英语说出来、能让人听懂才是英语工具性语言价值的体现。当前传统的初中英语听说教学存在一定的问题,这些因素都影响了初中英语听说教学实际效果的提升。

(一)语言种类方面存在差异

英语和汉语属于不同的语种,在语言结构、文字表达方式上有巨大的差异,英语属于拉丁语系,而汉语属于象形文字,学生在学习英语时重要的是针对语言种类的区别及时转换语言思想,转变心态适应差异。语言的要素主要包括语言知识和语言技能,在学习时学生要掌握单词字母、习惯短语、固定搭配、语言文化背景等相关知识,学习的过程中存在畏难情绪也是正常现象,而听说属于英语语音知识,对学生英语思维的形成有重要作用。学好英语听说需要综合掌握英语的词组、句型和语法知识,需要学生有一定的基础,否则在听说活动中学生就无法通过听力文本获得需要的信息,也就无法将其表达出来,阻碍听说学习效果的最终达成。

由于语言种类的差异造成学生听说障碍的原因可以分为语音障碍和词汇障碍两个方面。具体而言,语音障碍指的是学生对英语的口音和发音不熟悉,缺乏语音基础会降低学生的听说水平,也就是说提高听说能力必须要过语音这一关,如果学生对标准英语发音不熟悉,就容易出现听说上的错误。词汇障碍简单来说就是学生对单词不熟,听不出来、说不出来,词汇是语言的基础,学生要提高听说水平要有词汇量的支持。同时,单词的教学也贯穿在整个英语教学的始终,是一项重要而艰巨的任务，学生只有在学习中不断攻破单词难关才能把听说素材结合起来，准确理解英语文本的真实含义。到目前为止，由于语言种类差异造成的障碍是阻碍学生英语听说能力提高的最关键要素。

（二）文化方面的障碍

文化方面的障碍主要指的是汉语和英语之间的文化差异，汉语和英语是分属于两个不同世界的语言，不同地区的人们受到地理环境、人种因素、历史等多个要素的影响形成了丰富多彩、差别较大的文化类型。在不同的文化背景下，人们在使用语言时有不同的习惯，在英语听说学习中如果学生无法跨越中西方语言文化方面的差异就无法正确理解文本要表达的真实含义。因此在英语听说训练甚至整个英语学习中，教师务必要将文化学习贯穿始终，让学生正确掌握英美国家的生活习惯风土人情，理解不同的生活方式，这样才能在脑海中构建语言环境，拥有语言使用的画面感。反观当前的初中英语教学，初中生由于缺乏语言环境以及自身生活阅历的限制，往往无法正确理解英语国家的文化背景，造成听说困难。最典型的例子是材料中经常会出现的英美国家常见的节日，感恩节（Thanksgiving Day）、愚人节（April Fool's Day）等，如果学生对这些西方国家的节日一无所知，即便是单词都能听懂，也会觉得把信息串联起来有点困难。

（三）听力技巧方面的问题

除了语言种类差异和文化背景之外，学生缺乏听力技巧也是阻碍听说能力提高的关键。听说训练的目的是要求学生掌握听说的正确方法和正确思路，降低听说学习的难度。在做听力文本阅读时，学生在大脑中要正确建立语言知识骨架，把语言碎片分类挂在骨架上，这样才能有系统、有组织地把听力信息串联起来。特别是当前中考听力题目发生调整，改变了传统的出题模式，很多题目要求学生对整篇文章加以串联，根据逻辑分析和判断得出最后的结论，这种题型的出现反映了课程改革的新标准。反观当前学生英语听力的做题状态，很多学生能够听懂阅读文本，但是在做题的时候却听了后面忘了前面，有一大半的内容都记不清了，在做题时还是一样做不出来，问题就出在他们没有对听力文本的重点和细节加以辨认，也没有养成正确的听力习惯和技巧，找不到关键词、关键句子，造成听力结果的无效性。

（四）学生听说学习兴趣不强

学生英语听说学习兴趣不强，部分学生认为英语是外来语种，不是母语，学习英语日后用不上,学习英语十分多余。这种想法的存在,导致学生丧失对英语听说的学习兴趣。并且由于缺乏英语交流的原生环境,学生对英语听说学习采取死记硬背的方式,光知道单词的意思而在需要开口的时候却是大脑一片空白,经常处于张不开嘴的状态。

(五)教师层面的问题

首先,对英语听说教学重视程度不够。在英语教学中,部分教师不注重学生听说能力的训练与培养,教材中相关练习被忽略或改编成语法填空,对教学环节没有进行科学的设置,教学方法过于单一,无法激发学生的学习兴趣,也无法取得好的英语教学效果。其次,缺乏对英语的实际应用。教师在英语教学中只注重知识教学,而忽略英语的实际运用,教师讲,学生听,教师写,学生抄,课上实际操练与课后运用脱节,无法提高学生英语听说能力。

四、提高初中英语听说教学质量的对策

(一)把握中西方文化差异

在听说教学过程中,教师应鼓励学生走出课本,阅读不同体裁、不同类型的课外资料,在阅读的过程中积累更多有价值的英语知识,帮助学生更快地掌握文章内容。从某种角度而言,学生应对英美的语言习惯以及历史等有一定了解,同时也对其文化背景、风俗习惯、生活习惯等进行了解。针对文化差异造成的听说学习障碍,英语教师要加强对西方文化知识的教学。针对中考中听力题目的侧重点选择文化学习的内容,比如西方节日、日常问候语、社交方式、语言禁忌几个模块。教师可以在日常的英语教学中加以渗透和融合,也可以让学生在做听力题目训练的同时摘抄积累。要在思想上深刻认识到语言文化背景的重要性,语言本身就是文化的一种特殊体现,也是人类意识的物质外壳。只有具备了正确理解英语文学知识的能力,了解西方国家的生活习惯、风土人情,才能正确理解英语听力文本。如果总是以汉语思维和中国人的生活习惯的角度去看待外国语言,学生就很难有良好的学习成绩。

现在大部分初中生在关于英美抽象习惯方面都是空白,从而影响了听说能力的提升。因此,教师在开展听说教学活动时,应适当地引入英美内容,帮助学生了解、掌握相关的英语词汇以及交际用语等,使学生真正感受到英语国家的英语氛围,为今后多样化交际奠定基础。不仅如此,教师还应引导学生接触多样化的

语言材料，包括新闻、社会热点、独白、对话等，要注意的是这些语言材料都应建立在教材的基础上，以此促进学生记忆、知识积累的提高，进一步提高听说教学质量。除了改变教学方法之外，教师也可以设计英语文化背景补充材料，内容要包括英美国家社会生活、政治、经济、文化、科学等多个领域的常识，要求学生在晨读和晚读时间记忆。水滴石穿、日积月累之后，学生会在潜意识里建立正确的文化模板，达到汉语和英语自由切换的灵活度，甚至在聆听英语文本时可以预测人物会说哪方面的内容，极大提高英语听力解题的有效性和正确率。

（二）增加语言感知力

初中英语教师应从综合的角度提高学生的语言素养，建立良好的英语听说教学环境。采用多元化的教学模式和手段解放被禁锢的教学思想，提高英语学习核心素养。具体而言，针对很多学生由于缺乏语言环境造成的语感不强、对英语语言不熟悉的问题，教师可以利用晨读和晚读的时间播放英语听力磁带或录音，可以不要求学生做题，重点在于营造英语氛围，让学生熟悉英语的发音和语言节奏，在脑海中形成正确的语言感知。同时在英语教学过程中，教师要加强对听力板块训练的重视，采用增加训练次数，不断重复的形式增加英语听力课的比重和课时。此外，在日常英语教学中，有条件的学校也可以采用全英文教学，虽然不是针对听说进行训练，但是在教学过程中也可以起到锻炼听说能力的作用。

（三）听说教学应具趣味性

随着教学体系的改革，初中英语教师应以平等、尊重的心态对待学生的个性化发展。另外，初中阶段的学生大部分都拥有较强的自我保护意识，不仅了解自己的性格特点，而且想要对他人的个性进行了解。与此同时，学生树立正确价值观与道德观念的黄金时期也为初中时期。因此，教师应多与学生沟通，与学生的思想、情感等建立互通渠道，走入学生的世界，了解其喜好、兴趣，从而制订更适合学生学习与发展的教学计划。例如，在如今娱乐文化盛行的时代，大部分学生都有"追星"行为，教师正好利用这一特点展开英语听说教学。例如，在"School and friends"教学过程中，教师可引导学生将自己想象成自己喜欢的明星，预测其自我介绍的方式以及介绍内容，从而对接下来的听说练习有简单了解。通过这一方式不仅增加了教学的趣味性，同时采用学生喜欢的方式开展听说教学，可以帮助学生更好地理解语言材料，促进听说教学质量以及成效的提升。

（四）优化听说课堂教学

在课堂教学阶段，教师要改变传统的教学结构，要以学生为中心来组织教学。英语教师要转化传统的英语教学思想，优化课堂结构，可以采取分层的方式来开展英语听说训练。英语听说本来就有一定的难度，对学生的区分度比较明显，导致某些英语基础较差的学生可能会产生难以克服的畏难情绪。这时教师除了要耐心引导之外，还要分层级设置教学目标，不让学生产生退却或自卑心理。教师要充分发挥课堂引导者的角色，对课堂节奏进行控制，设计课堂教学环节，引导学生发现自己的听说问题，从实际情况出发，科学设置听说学习的频率和难度。同时，英语听说教学还要更新和优化教学资料，站在初中学生的角度去看待问题，对良莠不齐的听说材料做出合理的筛选和取舍，打破光听不练的习惯，结合视觉、听觉等多种感官的作用，视听合一，为听说训练注入新鲜的血液。

除此之外，英语教师也要多多积累教学经验，吸收先进教学案例的优势，模拟生活情境，打造多样化的听说教学活动，比如可以让学生模仿新闻主播播报新闻，同时训练口语和听力，构建完整的英语知识体系，引导学生手眼并用，打造轻松愉快的英语听说教学氛围。从教学设备的角度来说，多媒体教学的加入能有效缓解传统英语教学枯燥乏味的弊端，教师可以采用在 PPT 中放超链接的方式加入英语听力录音，为学生打造真实的听力场景，突出英语听力教学的实用价值。

（五）拓展英语听说的渠道

人们在获取信息数据时有 80% 的信息是通过听觉和视觉获得的。听、说、读、写是英语的四项能力，而听说则位于重要位置，也可以说只有准确、清楚、明白地听和说，才能顺利完成后续过程。因此，开展初中英语教学活动需要从"听""说"入手，不仅满足交际需求，同时是语言学习规律以及教学规律的正确流程。教师在实际听说教学实践中，不应仅在课本范围内实施，还应为学生拓展听说渠道，引入多元化的语言材料，通过不同类型的资料帮助学生培养听力，使学生掌握更多交流技巧。例如，在"How's the weather"中，本单元内容主要是讲解与天气相关的英语知识，教师可在这一课的基础上为学生播放英文版的天气预报，并通过提问的方式掌握学生的听说情况，以此锻炼学生的英语语感，提高初中英语听说教学质量。

（六）引导学生自主进行听说训练

教材是教学的基础，教师要能够吃透教材，以学生为主体，挖掘教材内容，增强学生英语语言知识。在此基础上教师要突破教材内容，训练学生英语听说能力，并为学生英语口语表达创设情境，同时提高教学趣味性，激发学生自主学习意识。结合日常生活场景，提升学生英语听说水平。英语教学是一个长期艰苦而又充满乐趣的过程，英语教师在教学过程中务必注重生活场景创设以强化学生的语言感知能力。在过去的教学中，一方面教师对英语的学习情境创建不足，另一方面受考试内容的影响，教师往往把英语教学重点放在写作与阅读上，而忽视了口语与听力。针对这些问题，在英语的教学中，教师要结合日常生活场景为学生创建良好的学习情境，积极开发英语听说教程，以更加全面地提高学生语言能力，切实培养学生的英语核心素养。

（七）训练听力技巧，掌握解题规律

针对学生缺乏听力技巧而导致的学习困难，英语教师要重视对听力方法的训练。在拿到试卷之后先看问题，很多时候通过阅读问题学生就能够了解这篇文章大致在讲什么，有了大概的方向指导之后听力就容易很多。学生要学会通过问题的设问方式和语言组织获取有用的信息，在广泛的信息体量中抓住关键词、关键句和关键细节，学会抓大放小，不要把每一个单词、每一句话都听懂，否则既浪费时间也没有必要。学生在大致听完第一遍之后要迅速梳理文本脉络，找到核心人物和核心信息，把核心人物说了什么，有什么样的动作意图串联起来，找到who、where、when这样的关键引导词。同时，在听力过程中教师要指导学生记录关键信息，这是一个非常好的习惯，好记性不如烂笔头。能有效防止信息遗漏。假如文本的内容是关于A与B的对话，那么学生就可以在纸上分别记录这两个人物的语言关键词，即A说了什么，B说了什么，方便在解题时对重要信息加以盘点。

除了训练听力技巧之外，做听力题目时的心态也很重要，特别是在大型的考试中，学生面对听力题目要有试一试的勇气，不能产生考前先怯的心理，用良好的心理状态面对英语听力训练会起到事半功倍的效果。

综上所述，听说教学对学生的语言表达能力以及学习英语的能力都具有推动作用，因此，初中英语教师应尽可能将有效资源进行整合，为学生提供更多锻炼听说的机会。在初中英语听说教学的过程中，教师要采用科学的方式，培养学生良好的学习心态，正确面对听说学习过程中遇到的困难和挫折，帮助学生实现语言的高效输入与输出，最大限度地发挥英语语言的实用性价值，改变哑巴英语的教学现状，以用促学，真正发挥英语作为交流工具的功能，使学生会听敢说，增长见识，为学生终身学习及长远发展奠定基础。

第三节 初中英语阅读教学

阅读在初中英语课堂教学中占据十分重要的地位，是学生学好英语、运用英语的基础，也是落实学生英语核心素养的关键。英语阅读教学是初中英语教学的重要内容之一。在之前的一段时间内，初中英语阅读教学主要以传统的教学模式为主，学生的阅读学习材料基本来自于教材和其他教辅资料，教师将教学的重点放在学生对阅读材料中各个知识点的掌握上。如其中的单词、短语和句式等。换句话说，阅读材料整体反而处于比较次要的位置，主要是对各个具体知识点的学习和应用。初中英语阅读教学经过长时间的发展，已经发生了很多变化。现在，这种情况有所转变，在新课程指导下，教师在教学过程中要能够重视阅读有效性教学。

一、初中英语阅读教学的意义

初中英语教学是为学生的未来发展打下基础，所以教师在教学过程中应该激发学生的学习兴趣，要能够让学生积极主动地学习，让学生能够自己建立英语体系，让学生在顺利完成教材知识掌握的同时，也能够养成英语素养。英语作为一门学科语言，在学习过程中，教师所需要做到的是丰富学生的语言知识，并培养学生养成英语意识。因此，教师在教学过程中就要先了解学生的阅读情况，并做好分析，重点提高学生的英语阅读能力，让学生能够养成阅读英语的习惯。一方面，阅读材料是重要的目的语文化输入载体，能否很好地理解、鉴赏教材中的阅读材料，对学生能否具有国际视野至关重要；另一方面，阅读教学应当立足文章所提供的语言文化环境，针对文化差异大的文章，应引入中国的语言文化环境，给学生提供对比的学习空间，从而实现英语新课标提出的育人目标。

在初中英语阅读教学上，如果教师能够正确地开展教学，可以迅速提高学生的听说读写能力，这也能看出阅读对于学生的发展非常重要。所以，从一定程度上可以从学生的阅读水平来了解学生英语能力。教师通过阅读教学能够让学生获取到更多英语词汇，从而提高对英语的理解，为以后的发展打下基础。在初中英语阅读教学过程中，教师要能够采取正确的教学方法，有效地提高学生的英语阅读能力，不仅要能够在教学中充分明确教学目标，而且还要能够采取正确的方法来引导学生积极参与到阅读课堂学习中，帮助学生能够更好地积累英语知识，纠正学生的学习态度，提高学生的英语素养。

二、初中英语阅读教学现状

（一）沿用传统的阅读教学理念

英语是一门语言学科，初中英语教师在开展阅读教学时，必须要尊重"语言和环境"之间的联系，结合特定的语境展开阅读教学。但是当前初中英语教师受传统应试教学理念的束缚，在开展英语阅读教学时，依然将注意力集中在单词、句型、语法知识的教学中，根本没有关注语境在英语阅读教学中的应用价值，忽视了阅读方法的教学以及阅读方面的情感教学。另外，老师为了在短时间内可以传递相关的英语知识内容，还把课堂教学时的主体换为老师自己，并未关注学生的主体地位，在课堂上滔滔不绝地讲解英语知识，按照教学方案和教学经验对学生进行知识灌输，却忽视了在课堂上和学生们进行互动和交流，这种应试教学理念，致使整个课堂变成老师的个人课堂，学生也就很难提起兴趣，导致初中英语阅读教学效果不佳，难以真正提升学生的英语综合素养。

（二）忽视了阅读过程中语境的价值

教师的阅读教学手段是影响阅读教学效果的关键性因素之一。尤其是在语境理论下，要求英语教师在优化阅读教学设计时，必须要依托阅读语境，带领学生完成词汇、句子分析，并在特定的语境中获得文章信息。但是当前初中英语教师在开展阅读教学时，依然沿用传统的教学模式开展教学：教师带着学生对英语文章进行阅读、理解、分解、讲解。这种课堂阅读教学，不仅难以发挥语境的价值，也制约了学生的阅读能力发展，难以达到既定的阅读教学目标。

（三）阅读教学资源比较单一

阅读教学资源是教师开展阅读教学的重要载体。当前，初中英语教师在开展阅读教学时，常常局限在教材中，忽视了对其延伸和拓展。这种情况也导致初中学生的英语阅读面比较狭窄，制约了初中英语核心素养的落实。

（四）课本阅读资源处理不合理

第一，强调的语言知识内容过多。老师在进行阅读教学期间，关键方法在于"精读"，也为了可以将教学期间的生僻词语、短语有效解决，以至于逐句逐段地为学生分析句子结构,把阅读课上成了"精读"课,使学生们学习的积极性极大降低。

第二,忽视了对学生们猜词能力的培养。在阅读期间,猜词能力是学生们必须要掌握的技能,可老师却把一部分新的词汇和新的语法以及教材知识分开进行教学,这种方式会使学生们的猜词能力渐渐降低。

第三,太过于侧重于细节,忽视了对整体的理解,降低对全篇的分析能力。老师使用段落式翻译让初中生们在参加阅读学习期间更为侧重于文章里的故事、人物、情节等,这样反而忽视了文章结构以及文章主体。

第四,欠缺对阅读进行指导。老师忽视了把控阅读教学教材的时机,使学生们不知要怎样使用正确阅读方法进行独立阅读,也使学生们的阅读能力无法得到提升。

第五,欠缺拓展阅读材料。老师在进行阅读教学期间,无法采用信息技术方法拓展阅读的材料,使教学内容只局限在教材。部分老师无法用阅读教学拓展其他英语方面,比如,听说写等,致使英语教学效率渐渐降低。

(五)教学方法不合适

教师在教学过程中要能够采取正确的教学方法,让学生能够更好地吸收知识。所以,正确的教学方法也成为教师能够顺利教学的关键。从当前教育实际发展上来看,初中阶段的英语教学要求更高,而很多英语教师没有及时地迎合时代发展来更新自身教学方法和理念,在教学过程中所采取的教学对策也不够合理,不能够为学生提供有效的教学方法,无法建立高效的英语学习课堂,这样就严重地影响初中英语教学效率。

绝大多数英语老师在英语阅读教学期间,使用较为单一的方式开展教学活动,如灌输的方法,大大降低了初中生的学习兴趣。也有一部分老师在课堂上和学生们的互动较少,使初中生在十分被动的态度下进行学习,很难集中精神、容易逃避学习英语。

(六)学生积极性不高

从当前我国英语教学上能够看出,学生大多都从小学甚至幼儿园就接触英语,在进入到小学后学习简单的英语知识。但是,在初中阶段,英语学习与小学并不相同,教师在教学过程中采取的灌输式方法也会导致学生产生抵触心理。教材内容复杂,对于学生的学习难度较大,导致学生在学习中听不懂、学不会,这也成为当前很多初中学生的学习现状，学生的学习积极性不高，这会严重地影响教师的教学质量。

此外，学生的课外时间较少。初中阶段是学生学习生涯的重要阶段，而且还受到应试教育的影响，导致学生的学习压力非常大。在这种情况下，学生的课外学习时间较少，导致英语阅读在课外开展的次数不多，教师也没有为其提供相应的课外阅读材料，这样就严重地影响学生的英语阅读兴趣，无法有效地提高学生的英语阅读能力。

（七）阅读教学模式单一化

部分教师仍然没有从以往的英语阅读教学模式中摆脱出来，对具体知识点的关注过多，不重视学生对材料整体的阅读理解和深刻感受。在这种情况下，学生会养成错误的英文阅读习惯，习惯逐个单词地去阅读材料，读完之后却不清楚材料本身讲述了哪些内容。有的教师虽然认识到了应该让学生对阅读材料的整体进行把握，但由于不信任学生的阅读能力等因素，给予学生的自主阅读空间较小，总是用自己的理解去代替学生的理解，花费大量的时间去纠结一些细节问题，以求让学生能全面地接受教师的讲解。这就造成阅读教学的时间非常紧张，没有机会去结合其他的教学活动或者尝试新颖的阅读教学形式。

三、初中英语阅读教学新模式

（一）初中英语任务型阅读教学

任务型阅读教学能够更好地引导学生进行思考，参与任务的探究，最终完成既定的阅读目标，真正实现高质量的阅读。

1.任务型阅读存在的问题

（1）任务设置不科学

任务是任务型教学的核心，以具体的教学任务作为主要载体，以完成任务作为主要动力，促使学生在阅读任务的引领下，实现深层次、高效率的阅读。但是现阶段英语教师对任务教学法的内涵认识不够全面、深刻，致使其设置的阅读教学任务存在一定的不科学性和不合理性，集中体现在：阅读任务设置不均衡，要么难度过大，要么阅读任务杂乱无章。在这种情况下，学生在阅读的时候就容易受到干扰，失去了明确的阅读主题，难以真正实现高质量的阅读学习。

（2）任务实践不够充分

面对英语核心素养下的教学目标，教师在开展阅读教学时，不仅要指导学生掌握丰富的英语基础知识，还要提高学生的阅读速度和理解能力，强化学生的学习能力。但是在开展英语任务型阅读教学时，教师常常在设计完阅读任务之后，就将课堂直接交给学生，忽视了任务阅读学习氛围的营造和任务阅读过程中教师的指导等，导致阅读任务落实不充分，甚至导致学生在学习中出现"哑巴英语"现象，难以达到既定地阅读教学要求。

（3）难以满足英语核心素养要求

任务型阅读教学模式促进了学生课堂参与的程度，为学生的阅读提供了进阶的"钥匙"，也促使学生在学习过程中英语核心素养的落实。但是教师在设计阅读教学任务的时候，常常忽视英语核心素养的要求，偏重于知识型目标，忽视了学生能力和情感目标，严重制约了任务价值的发挥。另外，教师选择的教学方法针对性比较弱，致使初中英语阅读学习中出现了明显的"费时费力"现象，无法落实核心素养下的阅读教学需求。

2. 任务型阅读教学开展策略

（1）科学设计任务，凸显学科优势

任务型教学模式下，任务是教学的灵魂，科学的任务既能够凸显英语学科的特点，也能够增强学生探究动机，引导学生完成任务，获得知识与经验。因此，为了最大限度地提升初中英语任务型阅读教学开展的效果，必须要科学合理地设计阅读任务。

①结合教学目标设计任务

为了最大限度提升任务质量与效果，应紧扣核心素养，分别从知识与技能、过程与方法、情感态度和价值观三个层面设计阅读任务，确保学生在阅读任务的完成过程中，循序渐进提升自身的综合能力和素养。

②依据学情设计任务

基于任务型教学模式的内涵，教师在设计教学任务之前，还应提前了解学生已有的知识掌握情况、学习能力、接受能力等，结合学生的实际情况，设置出略高于其认知发展区的阅读教学任务。同时，在这一过程中，教师还应关注学生的差异性，设计差异性的任务，满足不同学生探究的需要。

③设计趣味性阅读任务

在优化阅读教学中，唤醒学生的内驱力，激发学生的阅读兴趣至关重要，直接决定了学生的阅读效果。基于此，初中英语教师在设计阅读学习任务时，必须要提前了解初中阶段学生的学习特点、喜好、兴趣等，精心设计出具有趣味性的阅读任务，让学生积极参与到阅读任务探究学习中。

④设计多样化的阅读任务

任务不应该拘泥于形式，而要与教材文本同步，与学生能力、兴趣保持一致，因地制宜，设计多样化的任务，防止学生审美疲劳，给学生任务探究的新鲜感，以更好地满足学生阅读学习需求。

⑤设计有探究价值的任务

教师在设计阅读任务的时候，应关注阅读任务的思考价值、探究价值，确保学生在阅读任务的引领下，对阅读文本进行理解、推理、分析等，碰撞学生的思维，激活学生的质疑、探究、归纳等高阶思维，最终实现文本的深度阅读。

（2）多元探究，完成阅读任务

在任务型阅读教学模式下，探究并完成任务是最为重要的一个环节，也是学生探索知识的主要活动环节。基于此，初中英语教师应灵活采用多种手段开展阅读，发挥学生潜能，进行个性化、多元化探究，切实保障阅读任务的完成。

首先，创设任务情境，激发学生阅读兴趣。为了促使学生更好地进入任务型阅读学习中，教师在开展阅读教学之前，要结合既定的阅读任务、学生的实际情况等，从多个途径出发，精心创设任务情境，唤醒学生阅读欲望，促使其更好地参与到阅读任务的探究学习中。

其次，合作探究阅读任务。在任务型阅读教学模式下，为了促使阅读任务的有效落实，教师在开展阅读教学之前，应按照小组合作学习内涵，将全班学生科学、合理地划分成几个阅读小组。在此基础上，明确阅读小组学生的阅读任务，引领学生围绕既定的阅读任务展开阅读，最终完成阅读探究学习。

再次，做好课堂监控工作。在任务型阅读教学中，英语教师必须要明确自身的角色，即课堂教学任务的组织者、调控者、反馈者，围绕阅读文本和设计的任务，补充相关背景知识，借助信息技术引导等，促使学生更好地参与到阅读探究中。在阅读任务的探究中，由于学生自身能力有限，常常会面临各种各样的困难，教师唯有给予一定的鼓励和支持，才能帮助学生顺利地完成阅读任务。

（3）灵活运用，串起整个阅读教学过程

面对新课改下的初中英语阅读教学要求，基于任务型阅读教学模式的内涵，初中英语教师在优化阅读教学时，可将任务型阅读教学模式灵活运用到阅读教学的每一个环节中，包括课前、课中、课后。

首先，阅读课前运用。在课前，教师结合阅读文本和预习的要点，科学设计阅读问题作为阅读预习的任务，或布置收集阅读相关资料的任务，或让学生进行角色扮演任务等。接着，在阅读任务的引领下，让学生有目的、有计划地开展课前阅读，彻底转变传统阅读课堂中学生出现得手忙脚乱、茫然无措现象。同时，通过阅读任务的引领，学生的课前阅读效果逐渐提升，激发起学生的阅读兴趣。

其次，阅读课中运用。在具体的初中英语阅读活动中，为帮助学生理解阅读文本中的词汇、短语和句型等，教师可借助任务型阅读教学模式，引领学生在明确的阅读任务下，活跃自身的思维，在思考和交流中，完成文本的深入阅读，在语篇中进行词汇、短语的学习，并能够正确地应用，从语境的角度把握词汇、短语和句型的实际含义与具体应用，实现从整体上把握阅读语言的目的。

再次，阅读课后运用。阅读课后，让学生对文本进行复述，根据关键词开展概要写作，提炼文本的中心思想等，将其作为阅读课堂的延伸和拓展，促使学生在阅读任务的引领下，针对阅读文本展开梳理、归纳和总结等。通过任务实现学生对阅读内容的拓展，更加详细、深入地理解文本的内容，最终强化阅读效果。

（4）展示任务成果，及时评价

在任务型英语阅读教学模式中，学生在完成英语阅读任务之后，教师还应鼓励学生展示任务成果，分析任务完成的过程和个人体验，发表对任务的看法。教师应对学生任务的完成过程和最终结果进行评价，分析不足，改进思路和方法。展示任务成果，不仅对阅读文本形成更加深刻、全面地认识，也在任务展示的过程中，给学生一个展示自我的机会。教师应在学生展示阅读任务的过程中，及时对其进行总结和评价。在这一过程中，教师应立足于学生的主体地位，指导学生围绕学习成果的展示展开自我评价、相互评价。学生在这一过程中，对自身的阅读进行了更加全面、深刻的认识。之后，教师对学生的自我评价、相互评价结果进行总结，并坚持"点面结合"的原则，不仅要对阅读任务完成的情况进行评价，还要关注学生在阅读任务中出现的情况，确保任务型阅读教学评价模式更加全面、客观，能够真正促进学生的发展，提升学生的英语阅读效果。

（二）初中英语阅读分层教学

1. 分层教学的必要性

在初中的英语阅读学习中，常常存在老师的教学输入与学生的吸收输出不相等的情况，甚至还会存在比较大的差异，不同学习能力的学生在一个班集体中，共上同一节英语阅读课，往往是学习能力强的学生紧跟着英语教学老师的思维步伐，而英语学习能力较差的学生却如坐针毡，特别是当理解跟不上时，学生的情绪表现得异常焦急，影响后面的英语学习进展。这样导致的结果是，英语学习水平高的学生轻而易举地完成了阅读任务，却未能开发到更多在英语学习方面的潜能，激发不了学生更多的投入热情。而另外一边呢，英语学习水平比较低的学生，却因为跟不上英语阅读的进度，面对英语学习逐渐丧失信心，对英语阅读提不起半分兴趣，甚至产生了放弃学习英语的想法。在英语学科当中，英语阅读包含的知识点比较综合，要想英语阅读能力强，首先需要有比较充足的词汇量，其次对英语语法的掌握也不能落后，绝对是对学生英语综合素质比较全面的考查，它就像一个分水岭式的存在，英语学习程度比较差一些的学生，需要花费更多的时间精力来补充落下的基础知识点；而英语学习程度比较优秀的学生，在英语阅读学习中直接就是一个提升学习能力的过程。因此，为避免出现严重的两极分化，在英语阅读学习中，应该根据学生们的实际学习情况，将学生们划成不同的层次水平，万不可在阅读教学中再出现"一刀切"的教学模式，教师们在实际教学中，正确理解分层教学的含义，根据教学计划及内容进行及时调整，激发学生的阅读兴趣，让每一位学生的英语水平都得到提高。

2. 分层教学的基本情况

初中阶段学生的学习情况各不相同，教师可以通过深入了解学生情况针对性地开展教学，科学合理分层。将学生分成不同的学习程度，然后结合具体的学习情况采用相对应的教学方法，进而就能够让全体学生都能够有所进步。在这种情况下学生还能够很好地提高学习自信心，并且能够激发学生的学习潜力，有效地优化各个层次学生的具体学习情况，为学生的后续学习打下良好基础。比如，在"Where is my school bag？"教学过程中，教师就可以将学生分为基础较弱、基础良好和基础优异三个层次，针对不同层次的教学要求各不相同。针对基础较弱的学生，教师则是应该让其掌握课本中的单词、语句，了解英语课文内容。针对基础良好的则是要在掌握这些的基础上，能够解决教师提出的问题。而教师针对基础优质的学生则是要能够向外拓展，让学生在学习本节课内容的基础上，掌握更多的知识。

教师要加强对各个层次学生的互动，可以鼓励学生积极参与讨论，通过讨论的方法来更好地学习英语知识点。教师则是在这其中加以引导，以此来更好地提高英语课堂教学质量。

在分层教学过程中，教师也可以积极组建阅读小组，通过这样的方法来帮助学生更好地进行阅读。在具体了解学生实际英语学习情况的基础上，根据班级内学生的具体情况和教学目标来分段式地进行阅读训练，通过这样的方法来更好地提高学生的英语阅读能力。教师还可以让学生分组进行听力训练，比如，小组内成员分工合作，交换各自的听力内容，从而在不断配合中更好地提高英语听力能力，为阅读打下基础。

初中阶段的英语阅读学习，是对学生起到一个承上启下的桥梁过渡作用，承接了小学时期的英语学习并且在初中得到巩固，还不断地深化学习过渡到高中阶段的英语的学习，为高中时期更为深入的英语学习做准备。但是进入到初中阶段的学生们，因为理解能力不同、学习的兴趣不同、英语的基础不同等等，造成英语的学习水平出现了不同的层次，因此在英语阅读学习中采用分层教学的方法，根据学生们不同层次的学习情况，进行专项的指导，促使学生们正确认识到自己的英语学习水平，并且逐步加强并攻破薄弱环节，提高英语学习的效率和掌握英语学习的技巧。

3. 分层教学的具体实施

分层教学的意义是根据学生们的实际情况，不仅可以使英语阅读水平高的学生获得更大的成就感，还降低了英语阅读水平低的学生的挫败感，让学生表现出更好的自我，在英语学习中获得更多的愉悦感，促进英语的长效学习。分层教学的策略实施应该贯彻到"课前、课中、课后"这三个教学过程中，分阶段进行。

首先，体现在教师课前的备课上，在这一过程就应该考虑到学生们的实际情况，将学生们分成三个层次，即高层次、中等层次、较低层次，实行不同的授课模式，教师根据教学大纲来确定各个学习层次学生的教学重点及难点，对不同层次的学生提出不同的任务要求，引导学生了解自己学习层次的学习目标，并做好课前的预习。

其次，在课堂教学中，教师在英语阅读学习时应该设计出有难易梯度的阅读题，以提高学生们的阅读能力为目的，明确分层阅读教学目标。比如对于英语阅读能力比较强的学生，可以适当地提高英语阅读内容的难度，除了要求这类学生掌握好英语知识外，还应该培养学生的逻辑能力，要求学生试着联系上下文推理出生词的大概意思，并且找出文章的主体和段落的结构关系；对于英语阅读能力比较中等的学生，更多是需要巩固学习，扎实英语底子的基础上逐渐提高英语学习能力，要引导学生理解整篇文章的意思，寻找事件发生的顺序以及中心人物的行为，判断故事的核心；对于阅读能力偏差的学生，英语教师们可以降低英语阅读内容的难度，鼓励学习要多问多学，树立小目标，不要放弃，建立对英语阅读学习的信心，并对学生进行适当的辅导。

最后，课后作业是学生进行巩固、复习及提高英语学习的有效途径，制定学生的课后作业也应当考虑到不同层次水平的学生。比如，对于高层次的学生，可以布置阅读报纸杂志，多补充课外阅读，扩展英语知识面；对于中等层次的学生，应以教材内容为主，布置难易程度同步课文的阅读训练；对于较低层次水平的学生，还是以课内的阅读训练为主，选择简单易懂的资料让学生阅读，建立学生的自信心。

（三）初中英语阅读语境理论教学

1. 依托语境完成词汇处理

基于英语学科的特点，词汇是构成英语阅读的基本单位，同样也是开展英语阅读的基础和关键。尤其是在英语阅读过程中，学生常常会面对大量的新词汇和难以理解的词汇。同时，特定的阅读语境，也赋予了一些英语词汇全新的含义、情感等。在这种情况下，对英语词汇的理解程度是保障英语阅读顺利展开的关键。而初中阶段学生的词汇量比较匮乏，在阅读的过程中常常会受到词汇的牵绊，导致在阅读过程中遇到障碍。虽然学生和教师花费了大量的时间和精力，但是依然难以达到预期的目标。久而久之，在频频受挫的情况下，学生就会逐渐丧失阅读兴趣，甚至产生厌烦的不良情绪。为了保证英语阅读教学的顺利展开，英语教师应融入语境理论的相关知识，依据语篇中"语义共现"的原则，将英语词汇与上下文语境联系起来，充分借助语境这一载体，帮助学生更好地理解英语词汇。如此一来，彻底转变了传统英语阅读教学中的"讲词汇"现象，避免了学生在阅读过程中因为不理解英语词汇而出现断章取义的现象。

2. 依据语境分析句义

文本是由句子构成的，学生在阅读文本时，应关注阅读文本中的句子。可以说，学生对阅读文本中句子的理解情况，直接决定了文本阅读的效果。因此，学生要想实现高效阅读，不仅要扫清阅读材料中的词汇障碍，还应对文章中的句子进行准确分析。但是在传统的教学模式下，基本上都是"以句子分析句子"，常常出现以偏概全、不符合作者设定的语言情境的现象，制约了学生的阅读理解效果。初中英语教师可以灵活借助语境理论知识，指导学生在阅读过程中，关注语句的内部和外部语境，联系上下文的语境、文化背景知识等，充分挖掘语句中的"言外之意"，最终对其形成精准的理解。只有做到这一点，才能真正提升学生的阅读效果，最终达到既定的教学目标。

3. 结合语境获取篇章关键信息

从阅读这一行为来说，实质上就是在阅读的过程中，获取文本中的关键信息，并结合自身已有的知识和经验，对文章的主旨进行深入的理解和分析，并体会其思想情感。基于传统初中英语教学中，学生常常难以获得篇章关键信息的现状，教师在优化阅读教学时，应指导学生借助语境理论知识，引导学生进入特定的语境中，完成阅读材料的分析工作。具体来说，学生在具体的阅读中，要想获得篇章的关键信息，必须要在阅读的过程中，结合阅读的内容对文章展开合理的预测，如此才能更好地获得文章信息。而要想指导学生在阅读过程中进行更加有目的、针对性地预测，就要指导学生进入文本特定的语境中，与文本及作者展开深层次的对话，并在对话的过程中进行假设、证实，并进一步预测，最终获得信息。只有如此，才能真正落实高效的、深层次的阅读要求。

4. 依据语境理论锻炼学生的语言能力

新课改下，英语阅读不再是对阅读问题进行回答，还承担着培养学生听说读写能力的重任，最终促使学生在有效的阅读中，形成知识的迁移运用，并促使学生在这一过程中，逐渐提升自身的语言能力。这就要求英语教师应结合语境理论，结合阅读内容，为学生提供丰富的语境活动，包括辩论活动、复述故事、采访对话、调查活动等，促使学生在丰富的语境中，对目标词汇、句子结构、语法知识、表达方式等进行有效运用，最终促使学生在语境的帮助下，循序渐进地提升自身的语言能力。

5. 结合语境理论帮助学生消除惯性思维

在新课程标准下，教师在开展阅读教学时，不仅要关注表层知识，还应对阅读文本进行深层次的挖掘，引领学生在深层次的阅读过程中，通过思考和探究等，实现学生思维能力的发展，并最终实现学生的全面发展。但是现阶段多数学生在阅读学习中常常受到母语的影响，存在极强的惯性思维，致使在阅读的过程中，常常借助中文的惯性思维思考、分析问题，甚至还会在这种惯性思维的影响下，对作者的思想、句子的含义等产生错误的理解，严重制约了阅读教学的效果。为了彻底扭转这一现状，英语教师必须要引导学生在阅读的过程中，逐渐消除惯性思维的负面影响。为了实现这一点，教师在帮助学生消除惯性思维的时候，应结合语境理论的相关知识，引导学生联系上下文语境，分别从创作背景、句子语义等角度进行分析和把握。如此一来，学生在语境的影响下，可逐渐改变传统阅读过程中形成的用惯性思维对文章进行分析存在的弊端。学生在语境的帮助下，围绕阅读问题展开思考和分析，最终对阅读文本形成更加全面、深刻的理解。

6. 结合语境理论开展循序渐进的启发式阅读

新课程理念要求，初中英语教师在对传统英语阅读课堂教学进行优化和改进的过程中，还应围绕"英语综合素养"下的全新阅读教学目标，促使学生在涵盖"知识、技能、情感"的全面、深刻阅读目标引领下，对文本内容进行深刻的阅读，最终在明确的阅读目标指引下，循序渐进地提升自身的英语综合素养。而要实现这一点，教师在指导学生开展阅读教学时，应以语境理论为基础，结合学生的实际情况，采取循序渐进的启发式教学，促使学生在特定的语境理论中，逐渐从表层进入到文本深层阅读过程中，落实英语核心素养下的阅读教学目标。首先，教师在指导学生进行阅读时，可站在语篇的角度上，以文章的标题作为切入点，对文章的内容进行大概的预测。其次，教师为了加深学生对阅读材料的印象，可借助一定的问题，引领学生在问题的启发下，展开科学、合理的预测。再次，教师应以语篇为基础，引领学生对语篇内容进行层次性的划分，并组织学生对阅读篇章的大意进行概括，促使学生在对阅读文本内容进行总结和概括的过程中，逐渐加深理解，并形成深刻的认识。

四、初中英语阅读教学改进策略

（一）学生方面

1. 明确学生主体地位

在初中英语阅读教学过程中，教师必须要能够明确学生主体地位。比如，教师在课堂上让学生自主选择阅读方法和内容。但是，从实际应用上能够看出，教师在采取这种方法时存在着一定的问题，比如时间分配不均，导致学生没有自主选择阅读内容的机会。那么，教师就需要能够根据实际情况来为学生选择相应的阅读材料，根据学生的学习基础来明确阅读材料的难度和适用度，在选择材料上要能够从学生的特点入手，从学生的角度来充分思考问题，并选择能够让学生接受的阅读材料。教师要能够在学生阅读时，给予学生指导，以学生习惯为基础，给予学生机会，让学生能够运用不同的方法来有效地提高自身的阅读能力。

2. 提升学生的自主意识

初中学生在英文阅读中缺少足够的自主意识，习惯于寻求他人的帮助，这是普遍存在的现象。学生在阅读材料时，碰到不能理解的地方总希望能够和其他人讨论或者由教师加以指点。所以，这里所说的自主意识并不是让学生自己去发现和解决阅读中出现的问题，而是指学生要先尽自己的能力去阅读，出现解决不了的问题再去寻找他人的帮助。而且，要让学生养成一种习惯，对阅读材料的整体理解应该以自己的想法为主，不能因为他人的不同看法就轻易动摇。正所谓"一千个人的眼中有一千个哈姆雷特"。当然，这种整体理解上的"以我为主"，不能套用到对某个单词这样具体的知识点上。例如，在阅读"School life"单元的"My ideal school"时，教师就应该先让学生自己去阅读，给学生留出较为充裕的阅读和思考时间，在学生表达自己的阅读理解和阅读感受之后，再去组织小组交流和讨论，这能让学生之间取长补短，解决阅读中出现的细节问题。

3. 丰富阅读的形式和阅读量

传统的阅读形式是照着纸质材料阅读文字内容。而随着科技的发展，阅读的形式变得越来越丰富。以幼儿英语启蒙为例，现在有不少改编自英文绘本的视频节目，将静态的图画变成动态的动画，提升了英文绘本的趣味性，而幼儿本质上还是在进行阅读，还能刺激视觉和听觉，阅读效果较好。对于初中英语阅读教学来说，也可以采用类似的手段或者方式，让阅读的形式能够变得更加丰富，更加符合初中阶段学生对阅读活动的认识和理解。例如，在阅读"Travelling"单元的"A trip to Hong Kong"时，就很适合采用多样化的阅读形式。因为很多学生并没有去过香港，他们对香港的了解大都来自于各种影视作品，对香港非常好奇。教师可以根据阅读材料的内容，广泛搜集各种素材，将动画画面、背景音效和英文文字结合起来，制作成微课视频提供给学生，这能够牢牢吸引住学生的注意力，让学生在视频的帮助下对材料有更加清晰的认识和把握。如借助视频画面巩固对某些单词或短语的理解等，能很好地满足学生在学习和心理上的需求。

初中英语阅读教学目标中丰富的阅读量是提升学生学习效果的重要根本所在。这不仅体现在阅读数量中，更体现在阅读质量上，实现阅读教学目标，一定要加强多项途径教学模式的运用，帮助学生增加英语阅读量。对此，初中英语教师可以分别针对传统教学方式结合现代化信息背景教学模式为学生设计教学方案，帮助学生通过多角度及多途径的学习方式参与更加全面的英语阅读学习，实现英语阅读质量与数量同步提升的发展目标。

首先，传统教学模式中，学生英语阅读的主要途径在于基础教材以及课外书籍的内容中，其阅读形式比较单一，这种形式不会全面提升学生的阅读学习效率。而现在信息化时代发展背景为学生的阅读学习带来了更多的体验，学生可以通过互联网信息时代背景搜集更加全面的阅读内容，结合不同的阅读途径，促进实现阅读学习发展目标。另外，为了充分体现英语阅读的多途径运用效果，教师可以引导学生通过英语电影或者英语音乐等途径进行英语阅读学习。这种方式具有较强的生动性特点，可以全面激发学生参与英语阅读学习的积极性，同时可以帮助学生掌握更加全面的英语阅读知识。为了实现高质量阅读的教学目标，在学生进行不同途径探究英语阅读文本的过程中，可以结合教材内容进行分析，充分体现多途径阅读的合理性及有效性，保证学生的阅读质量及数量。例如，在教学"Do you like bananas？"过程中，主要教学目标在于引导学生学习及掌握多种食物的名称。为了结合本课学习内容拓展多途径教学渠道，全面发展学生英语深度阅读学习效果，英语教师可以为学生设计多途径教学方案，帮助学生感受英语深度阅读学习的重要意义，同时通过多项学习途径探究更加全面的相关英语知识。除此之外，拓展多途径教学渠道，强化学生英语深度阅读学习效果的过程中，教师可以结合学生的实际兴趣爱好不断拓展和延伸英语阅读途径和渠道，全面发展深度阅读教学效果，实现英语阅读教学的根本目标。

4.培养良好阅读习惯，做好预习

学生自身的阅读习惯会直接影响学生的阅读质量，一些学生因为受到自身学习和英语基础的影响，在阅读上可能无法分辨阅读内容。因此，针对这一情况，教师就要在日常教学中积极引导学生养成正确的阅读习惯，为学生营造一个安静的阅读环境。比如，教师可以引导学生开展静默阅读，通过这样的方法不仅能够帮助学生更好地感受英语的魅力，还能够充分了解学生学习阅读的情况，有效提高学生的阅读能力。一些学生因为英语基础弱，所以在阅读上会产生抵触心理。那么，教师就要针对这些学生开展不同层次的教学，逐渐增加学生的阅读量，让学生都能够通过阅读来积累更多的词汇。在这种情况下，学生才能够逐渐地学会阅读文章内容，联系上下文意思，从而养成良好的阅读习惯。

教师在开展阅读教学前，要对具体的阅读教学内容进行研究，明确课堂中的重点和难点，从而设计有效的教学方法。在教学前的准备工作非常重要，如果没有积极做好准备工作，是无法取得理想的阅读效果的，也不能有效地集中学生的注意力，就会严重影响学生的学习效率。因此，教师就可以在课前针对常见的单词和词汇进行总结和整理，然后传授给学生，通过这样的方法来帮助学生做好准备工作。课前预习不管是在哪一个学科都非常重要，所以在英语阅读教学上也应该能够积极应用。

针对初中学生而言，教师要能够引导学生做好准备工作。比如，教师可以积极利用信息技术制作微课，通过微课的方法来引导学生进行课前预习，这样的方法不仅能够很好地吸引学生注意，而且还能够让学生对所需要讲解的内容有充分了解，这对于学生学习的帮助非常大。比如，在"How do you get to school？"教学过程中，教师就可以在讲解前通过制作微课，将这节课所需要讲解的内容重点和难点展现在微课中。通过这样的方法就能够让学生提前了解，进而就能够在课堂上与教师积极互动，针对教师提出的问题也能够有效解决。在课上，教师还可以运用微课来对本节课内容进行讲解，并且通过微课的方法来帮助学生不断复习，从不断观看中明确这一节课的学习要点。此外，教师还可以在设计课前预习上能够制定相应的问题，让学生在观看完微课后及时地回答问题，积极做好相关准备工作。教师通过微课的有效应用，为学生的学习提供帮助，能够更好地提高英语阅读效果。

5. 加强词汇积累，强化英语基础

初中阶段英语课程教学过程中，英语阅读教学的重要目标之一，便是强化学生的基础词汇积累量。英语学习与语文学习有着密不可分的关系。同样需要学生以丰富的词汇积累作为核心基础，在不断积累和潜移默化的学习过程中，掌握更加充分全面的英语知识。通过英语阅读教学工作发展学生的英语词汇积累能力，强化学生英语基础水平，为之后更加全面广泛的英语阅读学习奠定良好基础，同时是帮助学生掌握丰富英语知识的重要环节。为了充分体现初中英语阅读教学过程中，英语词汇积累的重要意义，并提高学生在英语阅读过程中积累更加广泛的英语词汇及相关语法，教师要加强培养学生良好的英语阅读习惯，引导学生学会将阅读学习过程中遇到的难点问题及陌生词汇进行记录和积累，在阅读学习之后不断复习和查阅资料，全面提升学生的词汇积累及应用水平，实现深度阅读教学的认知教育发展目标。

例如，在"What did you do last weekend？"课程教学过程中，利用阅读教学模式开展本课的教学工作，可以帮助学生深度理解及掌握本课的重点词汇和短语，使学生学会将相关词汇和短语运用到实践过程中，发展学生知识掌握及应用能力。本课阅读内容中重点的词汇为"write，read，see"以及"have a busy weekend，go shopping，watch TV，last summer"等短语。为了全面提升学生对其中的重点词汇与短语的学习效果，帮助学生掌握词汇与短语的主要含义，同时可以掌握其具体使用方法，英语教师需要在英语深度阅读教学体系中充分体现重点教学词汇和短语，全面提升学生知识运用能力，帮助学生在完善的英语阅读过程中，通过交流及互动的形式，进一步掌握其中的重点学习内容。因此，结合英语阅读教学模式，全面加强学生的英语词汇积累效果是促进不断提升学生英语综合水平与基础素养的有效方法。

6. 感受多元化文本内容，发展核心素养

英语阅读教学目标实现过程中，不仅要在英语阅读途径及学习方式中进行全面分析，更要为学生提供多元化的阅读文本内容，以丰富的阅读文本进而促进全面提升学生英语知识掌握效果，使其积累更加广泛的英语知识，全面发展学生英语综合水平。在引导学生阅读学习感受多元化英语文本内容的过程中，英语教师可以结合英语文本的实际体裁分类为学生设计教学方案，帮助学生在不同的英语文本体裁辅助作用下完成阅读学习目标，感受多元化的英语文本内容，全面发展学生英语综合学习效果。在基础的初中英语阅读理解教学过程中，其中的常见文章体裁多以应用文类、故事类以及非故事类三种形式为主。根据不同的文章体裁进行阅读学习，可以发展学生不同的学习能力及核心素养。以应用文类型的文本体裁为例，其中的类型比较丰富，主要包含对话类、信件类、广告类、电子邮件类等多种体裁形式。在实践教学过程中，英语教师要将多种体裁作为核心背景为学生设计深度阅读学习文本，全面提升学生多元化文本阅读内容的学习效果。

例如，在"How was your school trip？"课程教学过程中，其中主要以对话的形式充分体现了教学内容。以引导学生询问和谈论过去发生的事，并了解学生的周末活动项目作为主要对话教学目标。为了在阅读教学过程中充分体现多元化阅读文本内容，英语教师可以结合对话类教学题材，为学生搜集更加丰富的阅读学习内容，引导学生积极参与到阅读学习过程中，帮助学生在丰富的对话学习内容中进一步了解一般过去时的肯定句和否定句并掌握规则动词和不规则动词的一般过去式，实现发展学生英语综合学习效果的目的。因此，通过合理化的教学方式帮助学生掌握多元化的阅读文本内容，将会有效促进提升学生英语阅读学习效果，全面发展学生英语综合水平。

初中阶段教育体系中，教育目标的设计不再是单一化的技术认知目标，教师应当更加注重发展学生的综合素质修养。对此，学生正确价值观念及人生观念的树立是核心素养发展目标的主要方向所在，英语教师可以通过英语阅读教学环节结合文本的内涵对学生进行引导，使学生通过自主探究的学习方式，进一步挖掘文本的内涵及中心思想，使其构建正确的人生观念及价值观念。例如在"When is your birthday？"课程教学过程中。强调阅读教学模式的运用，进一步挖掘文本的内涵及中心思想。将会有效促进培养学生的正确价值观及交友观念。本课的阅读内容教育目标主要在于通过学习一年之中的十二个月的单词和序数词，帮助学生学会询问对方的生日，培养学生的英语沟通能力，并帮助学生构建正确的教育观念。在本课教学过程中，英语教师可以充分突出体现英语阅读教学的重要意义，帮助学生在丰富的阅读体验中结合英语合作分析探究的学习模式，掌操更加深度的英语学习内容。因此，综合初中英语阅读教学方案进行分析，深度挖掘阅读文本的内涵及核心思想，是促进发展学生英语综合素质的有效措施所在。

（二）教师方面

1. 更新教学理念，课前详细准备

老师需更新教学理念，要尽量减少传统教育教学的影响以及中考的教学需求。把"以人为本"当作进行教学的主要方向，还要把英语课的核心素养当作教学活动的根本要求，将"知识教学"变为"能力和素养的教学"，还要在不断创新的理念下，进行以后的初中英语阅读活动。想要实现初中英语阅读教学的突破，首先，就要更新教师的教学理念，要从语言学习的一般规律及初中阶段学生的普遍特点出发去进行阅读教学的设计与实践，对学生的成长要有足够的耐心，对学生在阅读中出现的各种错误要有足够的宽容，为学生真正沉浸到良好的阅读氛围中去创造相应的阅读环境。只有这样，才能打造出以学生为主体的英语阅读课堂，教师随后采取的其他教学策略和方法才能更好地发挥出价值。

例如，在阅读"Amazing things"单元的"The ghost in the park"时，教师要认识到这是一篇非常生动、有趣的阅读材料，有很强的可读性，其中制造的悬念非常容易吸引学生的注意力。因此，教师应先为学生大致介绍阅读材料，提出问题以引发学生的好奇心，然后让学生自己去阅读。在完成粗读之后，教师要与学生展开交流和讨论，考查学生是否读懂了这篇内容，发现其中的问题并加以解决。这样既丰富了学生的阅读体验，又能加强学生对英语知识的学习和理解。

2. 丰富教材内容，拓展阅读教学

初中英语教师在教学过程中，应该能够在原有教材的基础上，更好地丰富英语阅读内容，以此来更好地帮助学生形成正确的思维方式。因为，在初中英语阅读教学上，需要有相应的英语资源来作为载体，为学生储备足够的英语知识，这样才能够帮助学生更好地进行阅读。教师就可以根据学生的阅读心理来为其提供感兴趣的内容，比如针对女生可以选择国外明星的英语文章，针对男生可以选择军事、电影等方面的英语阅读文章，这样的方法能够更好地吸引学生注意，让学生能够积极踊跃地参与到其中，更好地了解文章内容，久而久之，学生的词汇掌握量增加，在阅读上也就更加容易。教师在丰富教材内容方面，要注意不能够过于脱离教材内容，要能够以教材内容为基础，适当地拓展，这样才能够将学生的注意力始终集中在课堂上，更好地完成英语阅读学习任务，有效地掌握英语阅读技巧，进而解决在英语阅读上存在的问题，提高自身的英语水平，为英语学习打下良好基础。

教师在英语课堂上讲解英语阅读知识的时候，不仅要能够对教材中的知识点加以充分分析，还应该能够有效地提高学生的视野，积极扩展多样思维，通过这样的方法来让学生能够更好地掌握知识。教师还可以适当地进行拓展，鼓励学生能够自主推理，这样的教学方法能够很好地帮助学生提高自身的阅读水平。那么，如何能够构建一个理想的英语阅读教学课堂呢？则是要能够体现核心素养培养，也就是积极提高学生的英语能力，完善学生人格。比如，在"What is the highest mountain in the world？"教学过程中，教师就可以引出学生还知道哪些世界之最，并且鼓励学生能够利用英语来回答。比如，针对世界上最大的湖泊，一些学生回答"Caspian Sea"，通过这样的方法不仅能够帮助学生拓展阅读内容，而且还能够有效地提高学生思考问题的能力，从而培养学生的英语核心素养。

3. 促进教学融合，读写结合模式

英语阅读是一种比较高级的语言应用活动。从汉语学习的经验中会发现，很多学生在刚开始阅读文字内容的时候，只要了解到一些字词的读音，马上就会想到其可能代表的含义，这是因为学生在以往的对话中已经说过或听过这些内容。对于初中英语阅读教学来说，这一规律也同样适用。听说和阅读有着分不开的关系，因为缺少环境条件，所以听说和阅读往往是同步进行的，而这又给教师促成教学融合提供了便利条件。

另外，也应该将写作与阅读教学整合起来，积极开展有效的读写结合教学。读写结合教学模式的运用是促进培养学生知识运用能力的有效措施，将读写结合教学模式运用在初中英语阅读教学体系中可以充分体现阅读教学的根本意义，全面提升学生知识运用能力，使学生一边进行阅读理解，一边将阅读理解学习到的知识及内容运用到实践写作过程中，全面提升学生英语知识掌握及运用能力，实现综合素养教育发展目标。在以往的初中英语阅读教学过程中，教学的重点始终停留在基础性的语言知识教学目标上，却忽略了英语语言之后的文化内涵元素以及知识运用目标，这便造成了学生在英语学习过程中知识掌握不全面，能力提升不到位的问题。为了充分改善学生英语知识应用能力不强，这一问题，英语教师可以通过阅读教学方法培养学生的英语知识应用能力，利用读写结合的教学方式，帮助学生将所学知识运用至实际写作过程中全面培养学生逻辑思维能力以及英语综合学习水平。

例如，在初中英语课程"Don't eat in class"课程教学过程中，英语教师通过读写结合教学模式对学生进行引导。将会全面提升学生英语知识运用水平，帮助学生将本课学习的重点词汇与英语语法等完善地运用在写作学习过程中。再以"My ideal school"为例，这篇材料出现在"School life"单元比较靠后的部分，此时学生已经完成了对单元基础知识的学习，有能力进行相关的对话。教师可以尝试将学生分成几个组，由各个小组自行将阅读材料转化为对话素材；或者在阅读这篇材料之前，适时提出类似的主题引导学生进行对话，为学生更好地完成阅读做好准备。在阅读结束之后，教师则要求学生以自己的某些经历或感受为基础，利用本单元所学的知识仿写一篇作文，从而将听、说、读、写四个方面有机融合起来。

与此同时，为了进一步强化英语阅读教学效果，英语教师可以为学生创设多元化的小组活动及合作教学模式，引导学生将学习的重点内容通过多种英语学习情境渗透至英语写作学习过程中，全面培养学生英语交流能力及互相帮助的意识，使学生在愉快地合作学习模式中完成英语读写结合学习发展目标。因此，结合初中英语阅读教学目标进行分析，加强读写结合教学模式的运用。可以有效丰富学生英语学习体验，提升学生英语综合学习效果。

4. 完善教学评价，课后巩固复习

在结束课上的教学活动之后，老师要重视完善教学评价制度。要从多个方面评价学生。不要把学生是否能完成阅读作业当作评价的唯一标准，要将学生们在课上的主动参与度和配合度及学生们的写作能力等综合评估对学生们做出符合的评价，这既可以激发学生们参加英语阅读的主动性，也可以为老师进行英语阅读教学提供有效的"基础"。在不少初中英语教师看来，评价学生的阅读学习成果是比较困难的。如果通过练习或考试来进行评价，那么还是传统的评价方法，会对具体的知识点过度关注。但是，如果没有可以量化的元素，评价又会显得过于主观，可能导致部分学生觉得不够公平、合理。此时，教师应该拓展自己的思路，尝试建立起多元化的评价体系，将客观评价和主观评价综合起来，而且要充分发挥出学生的作用，引导学生积极开展有效的自评和互评，以及确定评价的内容和标准等，也要有学生的适当参与。

例如，教师应该与学生共同商讨制定一个阅读学习评价表，评价的项目包括学习态度和学习表现等。每次阅读后，由学生自己以及小组合作学习时的组员进行自评与互评，给出优、良、可等不同评价，最后，结合教师给出的描述性评价，如小组合作中态度积极等，得出本节课的阅读学习评价，或者作为整体学习评价中的一部分。这样学生就比较容易接受，而且能够直接从评价中得到教师的指导。还有平时的练习或考试，也要除了分数的描述性评价，让学生清楚自己的问题到底在哪里，应如何努力。

在课下，老师要用布置作业和阅读扩写以及微课等方式，使学生们可以在课余时间对文章的重点来复习和巩固，最终提升初中英语阅读的课堂教学效率。

总而言之，在初中英语阅读教学过程中，教师必须要能够采取科学合理的方法，更好地提高英语阅读的有效性。阅读教学是初中阶段英语教学的重点环节，通过多元化、高质量的英语阅读，可以有效提升学生的英语基础能力，强化发展学生英语综合水平。素质教育目标发展背景下，当前教学体系中更加注重学生综合素养的提升及发展。充分利用英语阅读教学发展学生核心素养，要注重通过多项措施，结合学生实际情况，设计完善的教学方案，使学生在高质量的阅读内容中掌握更多英语基础知识，同时将其完善运用到学习生活中，以此促进强化学生知识运用能力，培养学生核心素质水平。

第四节　初中英语写作教学

在初中英语学习过程中，写作是最能检验学生英语水平的标准。写作可以反映一个人的语言修养。英语写作是英语教学的一个重要部分。不考虑其他因素，仅从初中英语写作教学的现状来看，就亟须改革。

一、初中英语写作教学的意义

英语属于语言类学科，在这类学科中，写作属于必不可少的环节，以下针对初中英语写作教学的具体意义进行分析。

（一）符合新课程改革的要求

近年来我国大力推行新课程改革，在新课程改革中，要求学生全面发展，所以初中英语教师在开展教学活动的时候，还需要更加关注学生的综合成长，初中英语写作教学需要尊重学生主体地位，引入更多新型教育教学方式，因此更加符合新课程改革的标准，学生的写作能力也会随之提升。

（二）能够优化英语课程结构

在初中英语教学中，单词、语法、阅读、写作均为非常重要的内容，想要更好地保证英语教学质量，就需要让课程结构更优化，而传统的教学模式当中，大多数初中英语教师会忽略写作教学的重要性，因此强化写作教学也能更好地优化英语课程结构，让英语课程教学更加合理化、科学化，从而更好地锻炼学生英语水平，保证教学效果。

（三）能够提高学生英语核心素养

在语言类学科教学中，语言表达能力属于核心素养之一，加强英语写作教学能够很好地培养学生的英语书面表达能力，同时学生想要更好地完成写作，就需要积累更多词汇、句式和语法，英语素养随之提升，核心素养也能得到锻炼和提升。

二、初中英语写作教学现状

受到传统教学模式的影响，当前初中英语写作教学中，依然存在不少的问题。核心素养背景下的英语写作教学对传统英语写作教学进行了冲击。英语写作受到多种因素影响，由于学生的英语综合能力较弱，制约了写作能力的提升。初中阶段不同年级的写作难度也不相同，所以在初中英语写作能力培养方面仍存在着诸多问题，制约着学生核心素养的培养。以下针对初中英语写作教学现状进行具体分析。

（一）写作训练时间不足

初中生接触英语写作的时间不长，在这种情况下，需要教师进行正确地引导，但是当前部分教师在安排教学计划的时候，有关于英语写作方面的课时相对比较少。在大多数英语课堂教学中，大部分教师为了完成教学任务，跟随"中考指挥棒"，会将重点放在阅读、词汇、语法等教学上，而写作虽占比分值不小，但却不是短时间能够训练出来的内容，需要学生英语综合能力，所以，在课堂教学中，教师会压缩写作课的教学，进行习题讲解或进行阅读讲解。这直接使得学生认为写作不重要，进而造成学生写作能力无法提高。再加上教师的教学方式比较单一，导致很多学生写作技巧和写作能力不足，影响写作教学质量。

（二）学生难以活用英语词句

与其他环节不同，写作主要是锻炼和培养学生的语言运用能力，所以需要学生将掌握的英语字词句灵活运用起来，但是当前很多初中生英语基础相对比较薄弱，在这种情况下，学生掌握的英语字词句不多，同时由于学习主要以死记硬背为主，很难实现英语知识的灵活运用，影响写作质量。

（三）学生易受到汉语思维的干扰

汉语是我国的母语，所以很多初中生周围的语言环境都是汉语环境，在这种情况下，学生语言思维主要以汉语思维为主，写作的时候也会受到汉语思维的影响，从而出现汉译英的情况，影响写作质量。

（四）学生本身重视不足

由于写作的枯燥等原因使得学生容易厌烦，同时，课堂训练时间不足等会直接导致学生的重视程度不足。学生提不起写作的兴趣，教师没有正确引导会导致英语写作水平日渐下滑，能力不断减弱。由于范文背诵的情况经常出现会让学生误以为只要背背范文应付考试就可以过关，就可以收获知识。其实，这种想法是完全错误的，背诵只是增强语言学习的语感而不能成为写作提升的终极目标，长此以往导致学生想写写不出，极易写出汉语式的英文句子。

（五）教师自身素质有限

写作教学是英语基本技能中最重要也是比较困难的一项。教师写作的教学水平会对学生产生直接影响。由于写作教学的困难性，部分教师会在日常教学中避重就轻，等到临考前背诵几篇范文，没有让学生真正理解写作的意义，也没有帮助学生提高写作能力。只有激发学生自主学习的意识，在核心素养的背景下才能使学生打好写作的基础。

三、初中英语写作教学中出现问题的原因

想要更好地解决初中英语写作教学中存在的问题，教师就需要充分了解形成这些问题的原因，才能针对性地进行改进，以下针对初中英语写作教学中出现问题的原因进行具体分析。

（一）过分看重学生英语成绩

受到应试教育理念的影响，当前很多初中英语教师的教学思维依然为应试教学思维，在这种情况下，教师在设计写作教学目的的时候，会将提升学生的英语成绩作为主要教学目的，从而忽视学生写作能力、习作兴趣和写作意识的培养，教学方式方法也会更加急功近利，导致学生对英语写作的认识不足，影响写作教学质量。

（二）教师反馈不及时

在学生写作过程中，及时地反馈是非常重要的，尤其是对于初中生，及时地反馈更能够调动学生的参与积极性。而当前很多教师在学生完成写作后，不能及

时进行反馈，这也是造成写作教学质量偏低的主要原因。学生接触英语写作的时间不长，在这种情况下，很多学生的写作水平参差不齐，而目前一个英语教师任教的班级通常都在两个甚至两个以上，教师的教学任务重，在批改英语作文的时候，也就会更加重视语法和词汇，对于文章结构、思想等重视度不足，导致反馈的效果往往也不太理想。

（三）学生存在抵触心理

除了教师方面的原因之外，在造成写作教学问题的原因中，学生存在抵触心理也属于主要因素之一，很多学生接触英语的时间不长，加上平时也没有良好的语言环境，而相较于其他环节来说，写作难度比较大，这就导致很多学生对英语写作存在畏惧和抵触心理，甚至会在写作的时候，将作文题目要点直接翻译，态度敷衍，也没有足够的写作技巧，不利于学生写作能力的提升。

四、初中英语写作教学提升策略

英语学习不仅仅是学习一种语言，更是学习一种语言文化和语言运用技巧。让学生积极运用英语学习策略，能够根据自己的实际情况进行英语学习，掌握合适的方法，积极拓宽英语学习渠道使得英语的学习资源不再单一，这构成了英语核心素养中学习能力的重要内容。为了更好地培养人才，写作教学的策略应用十分重要。

（一）创设写作教学情境

情境教学能够激发学生写作兴趣。由于写作的特殊性，使其成为一件十分枯燥且乏味的事情，会造成学生兴趣低、厌烦等情绪，因此，每次测试中写作成绩均不甚理想。因此，在开展写作教学时，要将调动和提升学生写作学习的兴趣作为关键，激发学生的写作热情。例如，"What does he look like？"这一单元的写作是表述人的外貌，介绍父母、朋友或他人。因此，在进行写作教学时，通过活动，可让学生先对班级同学进行简单介绍（依次给出不同信息），大家猜测学生介绍的是哪位同学。也可以让学生描述老师，让其他人猜测描述的是哪位老师，通过将内容与实际生活相联系，调动学生的写作兴趣，进而提升学生写作水平与能力。

（二）营造良好的写作氛围

初中生处于青春期，在这个时期，周围环境对学生的影响比较大，在这种情况下，如果学习氛围不佳，很容易影响学习效果。所以教师在改进写作教学的时候，需要更加重视写作氛围的营造，让学生能够快速地沉浸到写作教学中。同时教师应该有意识地引导学生灵活地运用单词，尤其是在单词讲解的时候，可以通过扩展句式、组词等方式，提高学生的单词运用能力，同时也能为学生营造一个良好的写作环境，培养学生的写作意识和能力，久而久之学生写作积极性更高，学习效果也会更好。

例如，教师在讲解单词的时候，可以让学生尝试利用这个单词造句，然后给学生一个情境，让学生将句子运用于情境中，写出一段话，通过这种方式进行写作练习。同时还可以在平时的写作教学中，多开展一些演讲比赛、作文比赛等竞争性的活动，通过竞争性活动，培养学生的竞争意识，同时也能让学生在竞争当中，不断地积累写作经验和写作思维，还能积累写作素材，学生自身写作能力得到锻炼和提升。

（三）创新教学模式

由于传统教学模式比较落后，制约着学生的学习能力，也局限教师的教学能力，因此，创新教学模式，让学生真正参与课堂，才能够提升写作教学质量。例如，"How do you make a banana milk shake？"单元写作是介绍喜欢的食物，列出相应的食材，最好介绍怎样制作成功的。虽然食物烹饪无法在课堂内实现，但是可以将制作奶昔的过程在课堂中实现。可以提前将大家提前分好组，让每组同学准备好一定数量洗干净的苹果、香蕉、草莓等水果，老师将搅拌机带到学校，按照步骤，一步一步地实际操作给学生，学生在特定的环境中记忆的会更深刻。根据每组学生制作的奶昔对学生进行写作步骤的简单询问，增强学生的真实感受，提升学生的语言应用能力，提升写作效果。

（四）创造教学条件

在核心素养的背景下，提升学生自主学习意识，提高学生语言运用能力成为重中之重。因此，创造教学条件就是除了学生课堂上所学内容外，还应让学生积极学习课外英语知识，增强文化底蕴，达到"以读促写"的目标。教材每单元的内容都有其相关的文化背景，让学生查找其背景并认真学习，对理解本单元知识及写作是十分重要的，也会成为写作的素材。目前外语阅读读物，例如《书虫》《阳光阅读》《妙语短篇》等都是很好的阅读素材，也是增加文化理解的重要途径。英语语言学习不只是为了应对考试，更应该为了学生的未来，不断提升自己，不断将所学用于实际,这些阅读都会丰富学生的语言知识。

除了阅读外,还可以从英文原版电影中学到地道的英语,例如常用的句子:"不行"地道的英语表达是"No way","我吃饱了"地道的英语表达是"I'm stuffed","我请客"地道的英语表达是"My treat"。因此,英语作为一种语言,学习不能仅靠书本上的知识,还应从各种渠道获取正确的知识,这也是核心素养的能力之一。

核心素养与具体学科融合正处于基础阶段。在英语学科背景下讨论学生核心素养的培养能够解决"怎样培养学生"这一问题。写作历来是初中英语教学的重难点,初中英语的写作教学受制于学生的心理发展水平更加困难。写作教学在学生的综合语言技能发展方面发挥着极为关键的作用,不单单能够帮助学生巩固听力和阅读能力,还可以加快学生语言内化的步伐。因此,对比于传统的英语写作教学模式,必须引导学生自主学习,提高自主学习能力,不断提升英语写作的效果。

(五)充分利用仿写

在传统教学模式中,很多教师的教学方式比较传统,学生练习写作的机会不多,学习效果也不明显。在这种情况下,想要更好地提高初中英语写作教学质量,教师还需要充分认识到传统教学模式的局限性,将写作教学与其他环节的教学结合起来,充分利用仿写,通过仿写来引导学生熟悉英语写作技巧,灵活应用英语词汇,锻炼和提升学生的英语写作能力。值得注意的是,教师在开展仿写训练的时候,需要选择一些具有针对性的段落,并且引导学生分析段落结构和内容,更好地进行仿写练习。例如,教师可以选择一些与学生生活息息相关的内容作为仿写模板,然后让学生尝试自己的分析文章结构,再将"First、Secondly、Last"等连接词运用到段落中,让仿写段落更有条理性,还能帮助学生更好地梳理自己的情感和看法,仿写训练的效果会更好,学生写作能力得到锻炼和提升。

(六)保证写作教学质量

英语是一门语言,而在语言学习中,想要让学习效果最大化,就需要遵循语言学习规律。所以,教师在开展英语写作教学的时候,可以结合英语教学的内容,做好教学设计,从简单的、容易理解内容入手,让学生产生写作兴趣,同时消除学生对英语写作的排斥感和恐惧感,学生更愿意接触英语写作,写作积极性也会随之提升。等到学生能够写出不同的句子或者段落,具备了一定的写作基础之后，教师再适当地增加难度，将写作题材引入到写作训练中，要求学生根据相应的要求和题材进行写作，通过这种循序渐进的方式，更好地锻炼和提升学生的英语写作能力。例如，教师在开展写作教学的时候，首先可以有意识地让学生在平时的学习过程中，不断地积累更多字词句，其次结合具体的教学文章，类似《My name is Gina》等，引入读写结合模式，让学生在课堂上进行写作练习，包括"尝试运用文章中的结构扩写句子""完成自我介绍"等，通过循序渐进的教学，不但能够提高学生对文章的认识和理解程度，还能更好地锻炼学生写作能力。

（七）正确审题，把握写作方向

目前初中生英语写作大多都是命题写作，也就是根据给出的题目或者素材，结合要求进行写作，所以在初中英语写作教学中，引导学生学会审题是非常重要的，教师开展教学活动的时候，需要将审题贯穿始终，有意识地引导学生去分析题干内容，确定写作要求和写作方向，从而更好地下笔写作，写作教学效果也会更好。例如，教师可以多选择一些不同题型，在课堂上给学生展示，让学生尝试去分析题干内容，审清题目，说出题目的要求以及自己的写作方向，并且鼓励学生主动与周围的同学沟通交流，了解不同学生的不同看法，从而站在不同的角度去思考问题，也能更快地理解题目的要求，写作能力得到锻炼和提升。此外，教师还可以指导学生列写作提纲，也就是在审题之后，以写作提纲的形式，将自己想要表达的内容、重点以及需要用到的短语、单词、语法等罗列出来，学生在写作的时候，围绕着提纲进行写作，作文也能更加重点突出，学生的写作技巧也会更好娴熟。

（八）将阅读和写作相结合

1. 阅读与写作之间的密切联系

随着教育改革，教师发现将阅读与写作两者进行有效的结合，将会大大提升英语课堂的教学效率。阅读教学将会为学生提供写作的思路与方向，所以两者之间有着密不可分的联系，教师需要采取有效的教学手段，提升学生的英语素养，使初中生的写作能力与阅读能力同步提高，为后续的学习奠定坚实的基础。

从初中英语学习进行分析，可以将阅读与写作看作是加工材料的过程，两者相辅相成，互相作用，有着密不可分的联系。在阅读的过程中，教师所设定的主要教学目标就是提升学生的语言理解能力，而写作教学的目标是提升学生的语言表达以及运用能力，所以在进行阅读的过程中，可以有效地促进学生英语学习思维的养成，进而学生可以将所学的英语知识灵活地运用到写作中，使写作内容变得更加丰富。因此，阅读教学作为写作教学的基础，是促进学生写作水平不断提升的有效手段。学生通过阅读，理解阅读文本的结构，领悟其中的语言文化。而掌握了一定的写作技巧之后，具有自己的写作风格，在一定程度上也会降低学生的阅读难度，准确找出文章中心，将信息内化，使学生写作结构更加严谨，具有独特的风格。因此，教师在初中英语教学中需要将阅读与写作看作一个整体，采取有效的手段进行整合教学，通过阅读促进写作，通过写作巩固阅读。

2. 阅读与写作结合的具体方法

（1）对学生进行读写结合指导

初中英语的教学实践过程中，学生能够实现自主的读写结合具有一定的困难。很多学生在英语考核中存在"提笔忘字、不善读写"的情况，严重影响着学生的学习质量与学习效率。英语课程的教学改革背景下，对学生的综合学习能力与综合素养提出了更高的要求。教师要借助于现代化的先进教学手段与教学理念对学生进行有针对性的指导，逐步地增强学生的英语读写结合能力。通常情况下，学生读写结合不能够很好地实现主要原因是由于自身的英语基础不扎实，学生很难在学习与探索过程中开阔自己的思维与眼界，仅仅局限于一纸之字与课堂。所以，教师要结合学生的学习现状以及基础掌握能力，通过增加学生的阅读量、提升学生的英语词汇量等方式，有效提升学生的习作能力。

比如，在进行"Is there a post office near here？"这一教学内容时，教师就可以通过深层剖析阅读文本的整体结构，为学生制定相关联的学习方案，有效明确英语阅读与写作之间的联系性，让学生明了"读什么""怎么读""写什么""怎样写"等核心要素，有效增强学生的习作文本布局能力，增强学生的写作拓展思维、阅读理解能力与情感领悟能力。首先，教师要利用多媒体教学课件为学生展示相关的图片、视频等，为学生呈现相对应的新单词、新词组与新句型，引导学生探讨问路指路，让学生通过练习"Is there a post office near here？""Is there a hospital near here？"等问题句句型，掌握肯定回答"Yes，there is.It is on Bridge Street."或者否定回答"No，there isn't.But There is a supermarket on Center Street."让学生参照课本教材中的文本内容进行综合分析与剖析，以便能够在写作布局安排中模仿文本布局形式与方法，不断拓展学生的写作思路、优化学生的写作技能水平，有效构建良好的阅读与写作之间的联系性、发挥出引导学生读写结合的有效性。

通过对课本文本中相关核心关键词以及重要知识点的记忆与运用，不仅大大增强了学生的对课本知识内容的深刻理解与掌握,还在一定程度上有效帮助学生积累了大量的词汇与阅读量,为全面提升学生的写作能力、培养学生养成良好的读写结合习惯奠定了基础。

(2)激活学生思维

在初中英语课堂教学中,提升英语阅读教学质量,可以开阔学生的思维,使学生写作水平不断提升。因此教师可以在进行英语阅读教学时,带领学生一起寻找文章的中心思想,可以更好地领悟阅读主旨,直接将文章的精华提炼出来进行系统的学习。学生在这一基础上必须了解文章的题目及文中的重点知识。在学生阅读文章之前,教师可以根据文章的内容进行针对性的提问,使学生在阅读时带着疑问去理解,围绕文本的主题进行思维上的拓展,根据教学主旨进行猜想,对文章内容进行规划,将核心词汇代入教学内容中,进而对文章产生正确的认识,一边阅读一边归纳其中的知识点,更加准确地掌握文章内容。不仅如此,教师在教学过程中应当给学生留下更多展示的机会,教师引导学生围绕阅读内容用英语表达自己的看法。

比如,在学习"Can you play the guitar?"时,教师教学的关键在于让学生可以对课本中的对话或者主题进行深度的理解,同时可以熟知本节课所学的英语词汇。教师可以提出一些有思考意义的问题,活跃课堂的氛围,同时让学生自己动脑去思考。然后让学生谈论一些常见的乐器,如 guitar、piano,然后进行小组对话,谈论自己所具备的能力,其中的单词包括 swim、sing、dance 等,在学生掌握了本节课的重点句型之后,可以引导学生进行写作,将小组讨论的内容落实到文字上,使学生的写作水平得到提高。

(3)进行写作思维的训练

在初中英语写作教学中,引导学生阅读并且理解文本内容是重点。因此,为达成最终的写作教学目标,任务设计应由浅入深,从易到难,层层递进。教师组织学生对文章进行多轮阅读,并在阅读过程中渗透学法指导,提醒学生根据不同的阅读任务使用不同的阅读策略,对文章中句子的使用以及语法问题进行全面的覆盖,根据语句之间的连接,加强对整篇文章的深刻理解,进而掌握文章的整体结构,对文章中涉及的知识点进行高效率的学习,使学生的思维不被局限,进而保证学生对文中的词汇进行全面的掌握,对未来的写作有一定的帮助。

(4)鼓励学生参与学习合作小组

小组学习合作模式是提升学生英语读写结合能力的有效方法之一。通过让学生自主地参与实际的教学活动,让学生在学习探究小组中将自己的想法与见解表达出来，学习与听取其他学生的想法与思考基本点，不仅大大开拓了学生的学习眼界，让学生充分挖掘出自身的思维创新能力与逻辑能力，促进学生掌握更多的英语学习新方法与新技巧，促进学生在合作小组中获取更多的知识、形成良好的读写结合习惯，为全面提升自身的读写结合能力创造良好的先决能力。

（5）借助现代化教学手段与信息技术

多媒体技术在课堂教学中的应用十分广泛。随着新课程教学理念的不断深入，现代化的科学技术手段与信息技术应用有效打破了传统英语课堂教学中时间、空间的限制性，让学生能够随时随地地接触到更加多元化的教学知识，为学生提供更加广泛且丰富的英语学习资源。在初中英语写作课堂实践中，教师要引导学生重视读写结合习惯养成的重要性，让学生从根源上提升对英语写作课程内容的学习兴趣与自主参与积极性。通过多媒体技术的灵活运用，让学生更加直观、具体地感受到读写结合的重要性与优势，运用现实生活中的具体案例让学生能够真正地认识到读写结合的重要意义。

比如，教师运用多媒体技术专门为学生讲授一下读写结合重要性。首先，教师在课前为学生准备好 PPT 需要展示的内容，以便能够在英语课堂中适当地播放出来。由于教师结合了学生的兴趣爱好、认知规律等特点设置了相关学习内容，有效抓住了学生的强烈的好奇心与丰富想象力，让学生能够在英语课堂中紧跟着教师的教学思路。通过一整堂课的时间让学生能够由浅入深地认识到读写结合的重要性，有效促进学生对读写结合重要性的大体认知，增强学生的英语学习兴趣与良好写作习惯养成，为学生全面提升自身的英语基础水平与读.写运用能力、增强学生的核心素养能力奠定良好的基础。

综上所述，写作是初中英语教学的重要组成部分，在新课程改革环境下，初中英语教师也需要及时进行改革和创新。初中英语教学，培养学生的读写结合能力是增强学生英语学科核心素养能力、促进学生口语表达能力与阅读理解能力的行之有效方法之一。教师要充分尊重学生的个性化差异，从学生的学习角度出发为学生的良好学习习惯养成、增强学生的阅读理解能力与写作创新能力创造良好的前提基础，让学生能够在英语课堂学习实践中掌握更多的学习方法与技巧，促进学生综合素养能力的培养与提升。

第五节 初中英语语法教学

语法是初中英语教学的难点，也是英语教学的重点，初中学生对英语语法的掌握熟练程度及实际应用能力，有效体现了学生对所学英语知识的灵活运用水平。由于英语语法与母语语法存在大量不同之处，加上初中学生英语实际应用语境的缺失等多方面原因，英语语法教学一直效果不好。学生不重视学习语法，老师教学有难度。长期不重视语法学习，成为学生英语学习成绩不能提高的重要原因。要提高学生的英语学习成绩，必须帮助学生学好英语语法，通过帮助学生学好语法，培养学生的自主学习能力，可以让学生"化被动为主动"，自觉主动地去学习英语语法知识，同时可以让学生养成良好的学习习惯，从而取得极为良好的教学效益。

语法教学一直都是英语教学的基础，作为基础教学知识点存在的同时，还在学生的语言综合素质发展当中发挥着突出作用。如果学生语法的整体驾驭能力不足，不能够运用语法知识进行交流和表达，那么学生的语言学习能力也会受到影响，制约学生在多个语境当中的语言表达。为了帮助学生解决语法学习中的难题，教师可以依托主题语境进行语法教学设计，让学生不再只是分析语法规则，而是积极参与语言知识，建构把握语言规则的应用功能，让学生能够真正意义上把握语言形式和意义的关系，实现语法教学的综合发展。

一、初中英语语法教学原则

语法是英语学习当中的重要内容，所包括的是语言的规则。规律能够让学生对语言的构成有更好地理解，也能够提高学生语言表达的合理性以及准确性，从而提高学生的语言素养。为了帮助学生突破语法学习当中的难题，消除学生语法能力发展当中的阻碍，教师应该在教学当中了解学生的情况，把握教学的内在规律，提出正确的教学原则，夯实学生的语言发展基础。

（一）学生主体原则

学生是初中英语课堂的主人，教师所安排的每项语言教学活动都要考虑学生的要求，只有这样才能够确保预期目标的实现。英语教师应该在客观全面把握学情的前提条件之下，运用恰当的手段策略吸引学生注意力，激活学生的语言状态和学习动力。教师应该以学生为中心设计语法活动，鼓励学生在语言应用当中归纳语法规律，促使学生自主内化吸收，为语言输出打下基础。

(二)语境创设原则

基于初中生的认知发展规律情境创设的方法，能够让学生在语境当中提高语言的把握效果。在语法指导当中，教师给予特定语境教授语法知识点，能够让学生对语法的理解与掌握到达更高的层次。在语言输入和输出当中，语境都是不可或缺的推动力，是学生掌握语法和解决语言学习难点的钥匙。

(三)语言练习和思维发展统筹结合原则

我国在英语语言教学当中存在的主要问题是欠缺英语学习环境，因此无法给学生提供丰富的英语刺激，影响学生的学习以及积累。想要在语法教学当中解决这样的难题，教师可以通过主题语境的设计，让学生真正融入特定的场景当中，在思维上打破惯性，使语言练习和思维进行充分结合，使学生在语法学习与运用当中发挥出思维的重要辅助作用。

二、初中英语三维语法教学

传统的英语语法教学主要以教师讲授，学生机械操练、死记硬背为主要方式，忽视了学生对语言的理解、内化以及语言运用能力的培养。三维语法教学法强调从形式、意义、用法三个不同维度进行教学，关注对学生的语言运用能力及思维能力的培养。

(一)三维语法教学思考

语法不仅是一种理论知识，更是一种技能，与听、说、读、写密切相关。传统语法课堂是让学生多听、多记、多背、多做，即认真听教师"满堂灌"、奋笔疾书做笔记、死记硬背知识点、反复练习"战题海"。如何让枯燥的语法课变得生动、有趣，让学生在潜移默化中熟练掌握语法知识；课堂教学效果该如何检测；如何在课堂教学中更好地运用三维语法教学，促进学生语言能力与交际能力的提高，这些都是初中英语教师在语法教学中值得思考的问题。

(二)三维语法课堂教学实践

通过对三维语法的教学研究和反思改进，不断探索、改进教学设计，摸索出切合学生实际、基于学生发展、利于学生自主探究的初中英语语法课，在潜移默化中培养学生的语言运用能力。例如，语法教学内容让学生学会用can、could和may来描述现在和过去发生的事情，以及掌握What和How引导的感叹句。该单元先通过例句引出语法规则,再通过填空练习对新学语法知识点进行检测和巩固。如果这节课只是根据教材设置向学生讲述语法规则,他们是否能真正理解语意并灵活运用?教师能否在教材的基础上搭建一个支架帮助学生理解语言内容,并方便记忆?基于对这些问题的思考,教师可以设置一个情景,整节语法课都是在这一情景下展开的。在这一情景中,教师通过设置一连串问题,把学生所学知识点相互串联,引发学生深入思考与探究。例如,整节课以电影《哈利·波特》为背景,教师通过设置问题引导学生运用教材中的语法知识回答问题。

上课伊始,教师以《哈利·波特》的主题曲以及电影场景图片(图 1-5-1)作为课前导入,引出电影主人公哈利·波特并进行提问:"What can Harry Potter do?"学生通过观察图片说出"He can fly""He can ride a broom""He can use magic"等语句;然后,教师给学生出示一组含有 can 的例句,引导学生归纳出 can 的语法规则;最后,通过带领学生画思维导图,引导学生根据图片再次运用 can、can not、could、could not 总结出哈利·波特过去以及现在所拥有的能力。

图 1-5-1 《哈利·波特》电影场景图片

为了让学生更好地理解 can、could、may 在请求许可时的不同用法,教师让学生根据设置的情景进行角色扮演,并用 can、could、may 对话,让学生在具体的语境中感知这些词的用法。完成后,再让学生总结 can、could、may 这三个词在表达含义程度上的不同。

本节课的教学内容还有让学生掌握由 What、How 引导的感叹句。教材中出示的例句之间毫无关联,不利于学生感知、理解、内化知识,易让学生对语言的理解仅停留在形式层面。教师给学生出示了一些电影图片,以及 What、How 为首的感叹句,例如:(1)What a beautiful flower! (2)What a brave man Harry

Potter is！（3）What brave men his friends are！（4）What an interesting idea！（5）What nice music it is！

学生通过观察句子、图片，讨论总结出 What、How 所引导的感叹句的具体用法与意义。最后，在进行课堂教学"Superman 练习"时，教师通过设置对话，将哈利·波特与超人相关联，逐步引出探讨主题：special ability，通过让学生对比超人与巫师的不同，将教学重点过渡到教材内容"Superman"上。教师通过让学生分角色朗读对话，探讨哈利·波特的魔法与超人的超能力之间的不同，完成 How 和 What 形式感叹句练习的教学，让学生在合作、交流中提高语言运用能力。

（三）从课堂反思中提升学生语言运用能力

没有十全十美的课堂，只有不断被打磨、改进、提升的课堂。教师只有不断反思，才能创设出适合学生发展的课堂。教师在设计教学活动时，要着重关注教学活动的层次性与多样性，做到听、说、读、写的有机结合，要注重语法知识之间过渡与衔接的自然性与连贯性。案例中以电影《哈利·波特》为背景，将所有语法知识串联在电影情景中，有效激发了学生的英语学习兴趣，但有小部分学生对此电影不感兴趣，他们的课堂参与度较低。针对这一情况，教师要注意在平时多与学生沟通，发现学生的兴趣所在，在创设教学情景时，借助学生感兴趣的事物，让活动情景贴近学生的生活，从而提升学生的课堂参与度与学习效率。

三、初中英语语法情景教学

语法部分是英语教学中十分重要的内容，很多学生在英语学习中会由于不熟悉语法而造成英语学习效果不佳。情景认知理论认为，环境会对学习带来很大影响，知识的形成是建构互动的结果。在初中英语语法教学中，教师通过为学生创设相应的情景，可以让学生对词汇、句型、语法规则有更加全面地了解，并且学生也会在不断操练句型的过程中逐步提高自身的知识应用能力，有助于学生的综合发展，促进学生英语学习效果提升。

（一）情景教学法在语法教学中的优势

对于情景教学法，其最显著的特点是通过具体、形象的方式，将抽象的内容呈现出来，通过理论与实际的良好结合，让学生感觉平常很难理解的语法知识学习起来更加简单。在初中英语语法教学中，通过情景教学法的引入，不仅能进一步提高学生的学习欲望，还能活跃课堂氛围，帮助学生更加深入地理解语法知识。

在情景中，教师引导学生分组讨论、探究，为学生构建更好的语言环境，学生也会在与同伴互动交流中拓展自身的知识面。通过情景教学法的应用，学生的情感也会得到激发，学生可以在学习中保持更加积极的心理，这对于语法教学活动的顺利开展有极大帮助。

（二）情景教学法的应用

1. 多媒体演示情景

在初中英语语法教学中，教师可以结合教学内容，灵活地应用多媒体，通过视频、声音、动画、图文等形象的方式将抽象的英语语法知识展现出来，以此调动学生的语法学习主动性，促使学生能更加积极地参与到语法学习中。比如我们在学习现在进行时时态的运用时，教师就可以利用多媒体给学生播放一些正在进行某项活动的人的动画，比如有的人正在跑步，有的人正在吃饭，有的人正在读书，有的人正在游泳，等等。让学生看着动画，尝试着将动画中人物的动作，用英语表述出来，比如"The boy is running in the park."多媒体动画的利用，让现在进行时这个时态更形象地展现在了学生眼前，学生理解起来更容易，而且多媒体的利用，也吸引了学生的注意力，调动了学生的学习兴趣。

2. 角色扮演

在情景教学法中，角色扮演是很关键的一种方法，初中英语教师可以在讲解语法知识的过程中，引导学生开展相应的角色扮演，以此强化学生的理解。

3. 实物演示

初中英语教师在讲解语法知识时，还可以通过实物演示的方法加深学生的印象，让学生可以更加深入地体会语法知识。如教师在讲解介词用法的相关知识时，教师就可以通过对比实物位置，使得学生可以理解介词含义，如 below 是指物体的比另一个物体要低；under 是指物体在另一个物体的正下方。学生在学习过程中经常会出现混淆的现象。对此教师就可以将书放在书桌的下方，但是不在其正下方，用说明"The book is below the desk."接着教师将书放在书桌的正下方，说明"Now the book is under the desk."通过这样的引导，学生就会对 Below、under 的用法认知更明确。

4. 创设语境

教学过程是师生之间互动的过程，但在传统的英语语法课堂中，大多是教师一个人的独角戏，教师仅一味地注重对课程内容讲授，忽略了与学生之间的交流以及课堂的趣味性。并且英语语法的特点之一就是枯燥、深奥，学生在被动接受的过程中学习效率只会越来越低。这就需要教师打破传统的教学模式，使语法课堂活起来、动起来，而创设教学情境则可以有效地活跃英语课堂的课堂氛围。教师结合情景教学创设出一个生动的语法情境，在这个课堂情境中，学生学习积极性将得到充分的调动，教师可以利用多媒体、图片、视频、实物演示等情境创设手段，将课程内容直观地呈现给学生，创设出更加立体的语法情境。学生在教师创设的语法情境中，可以更加主动地、积极地进行语法内容的学习，教师的教学也将达到事半功倍的效果。

例如，在对"I'm watching TV"这部分内容的语法知识进行讲解的过程中，本节内容主要讲的是现在进行时这一语态，而针对这些语法知识，教师可以很轻松地创设出一个活跃的语境，来引导学生对语法知识进行学习，并使学生能够通过运用语法知识来描述人们正在干的事情。首先，教师运用多媒体技术，在黑板上展示出几张图片，如"cleaning、eating、doing homework、watching TV"等，通过图片的展示来激发学生的好奇心，引导学生将注意力集中在教师接下来的动作之上。接着，教师指着做作业的图片对学生提出问题："What is he doing？"教师通过问题的提出，有效地创设出了一个对语法进行运用的环境，同时也是对本节课程内容的有效导入，在此基础之上，教师进一步为学生讲解句型，并引导学生做出回答："He's doing homework."在师生一问一答之间，可以有效地活跃课堂氛围，创设课堂情景，拉近师生之间距离的同时，也激发了学生的探究欲以及对英语学习的积极性。教师还可以通过对学生提出问题或是引导学生之间进行交流，来活跃课堂的氛围营造高效的语法情景，如教师看见正在说话的学生可以对其他学生提出问题："What is Tom doing？"此时学生的注意力都集中在了课堂之上，并做出回答："Tom is talking."教师以学生为主体提出问题，可以将课堂氛围拉向一个小高潮，同时也能使学生结合实际对语法进行运用。在教师营造的语境中，学生可以更加主动地进行学习，基于此教师进一步地为学生讲解现在进行时态的结构及用法，并掌握动词的现在分词形式的构成方式，引导学生结合所学的内容以两人小组为单位，采用一问一答式的形式对"What's he/she doing？ She's/He's...Is he doing homework？ Yes，he is./No，he isn't."等句型进行练习。教师通过创设语境，使语法教学课堂变得更加生动，不仅在一定程度上激发了学生的学习积极性，还有效地提升了教师的语法教学效率。

比如为了帮助学生学习感叹句、宾语从句等语法，教师可以创设问题情境，如在情景对话中，使用 She said（that）she would leave a note on the desk.He wants to know if/whether you are a doctor. 等句子，让学生分析句子，思考问题：当宾语从句具有疑问意义时，用什么引导？当具有陈述意义时，又应该用什么引导？它们在句子中是什么意思？抛出的问题，需要学生自己开动脑筋，在思考中学生对语法的实际用法就会有更清晰的认识。

5. 模拟生活场景

拉近英语知识与学生生活之间的距离，为学生创设生活情景，不仅可以调动起学生的学习兴趣，还能够培养学生的英语应用意识与能力。比如我们在学习虚拟语气时，可以让学生谈一谈自己的职业理想，关于自己长大后会成为什么样的人这样的问题，学生肯定从小就被多次问到，该如何回答他们肯定也有自己的想法，这时教师可以鼓励学生，尝试用英语来向同学们介绍一下自己未来的愿望，比如我长大后想成为一名老师，为此我需要付出怎么样的努力，等等。这种生活情景的创设，不仅可以让学生练习虚拟语气的用法，还可以复习之前学过的并列句。

（三）应用情景教学法的注意事项

1. 贴合教学目标

情景教学法，是一种教学方法，肯定是要为教学目标而服务的，无论是为学生创设实物情境还是游戏情境，其目的都是为了调动起学生的学习兴趣，使学生能够更积极地投入到英语学习中来，更积极地去完成老师所布置的学习任务，从而实现本节课的教学目标。然而有些教师在实施情景教学法时，容易出现喧宾夺主的问题，即脱离了教学目标，只一味地为了吸引学生进行情景的创设，导致课堂虽然看起来十分活跃，但是却空有其表。所以对情景的创设，在精不在多，要根据教学内容，选择创设合适的情景，将重点放在对情景中学生学习行为的引导上，让情景来辅助自己完成教学目标。

2. 贴合学生实际

在开展情景教学时，教师应充分考虑到学生的学习能力和接受程度，教学情景的难度不能太大，否则学生没有参与进来的能力，不但实现不了教学目标，还会打击学生的自信心，同时难度也不能太小，难度太小的话，情景的创设就起不到帮助学生理解和感悟英语知识的作用，造成课上时间与资源的浪费。另外，由于每个学生的英语程度不一样，在采取情景教学时，教师要有能力规划好英语阶梯性情景，保证每一个学生都可以参与进来，使每个学生都可以在情景中实现自我能力的提升。

3. 提升学生主体地位

在初中英语教学中运用情景教学法，要求教师充分给予学生自主学习的机会，体现学生的学习主体性，让学生自己在教师所创设的英语情景中接触、感知和学习英语，不能对学生的学习行为做出过多的干预，不能直接指挥学生进行英语学习，在课上不能像以前传统教育方式一样，向学生灌输知识，在学生遇到困难的时候，也不能直接告诉学生解决的方法，要以引导为主，鼓励学生通过自主思考或者合作探究去解决问题。

4. 重视语言环境的构建

任何语言的学习都需要在一定语境下进行，如果脱离语境开展英语教学，英语知识点就会脱节，就会变成学生为了学知识点而学习，而不是为了掌握英语这门语言而学习，所以在日常英语教学中，教师要注重对语言环境的构建，尽量采取全英文教学，减少中文的使用，让学生在英语课上，听的是英语，看的是英语，说的也是英语。虽然全英文教学对于一些英语基础比较薄弱的学生来讲，可能会出现听不懂，一时反应不过来的问题，老师也不要心急，要对学生有耐心，教师可以适当地放慢速度，引导学生理解。只有坚持创建良好的语言环境，学生才会在潜移默化中，提高自己的英语能力。

四、初中英语语法主题语境教学

（一）运用游戏导入

在基于主题语境开展语法教学过程中，教师应该循序渐进合理安排语法教学活动，把握好语境应用当中的各个教学环节。提高教学活动的趣味性和新颖性，使学生打好基础。在课程导入部分，教师可以运用趣味性强的游戏方法展现语法要点，同时调动学生的语法学习兴趣。这样的方法可以让学生保持主动参与的状态，也可以活跃教学氛围，有效激活学生的已有认知图式，为接下来的语法教学开展打下基础。例如：在现在完成时态的语法学习当中，教师就可以在导入部分利用判断对策的游戏活动作为开场，说出自己的猜测，并让学生判断猜测是对还是错，如"I think you have already finished your homework.""I think you have heard My Heart Will Go On""I think you have already seen Titanic."假如教师猜对了，那么学生就回答"Yes, I have.",如果没有的话就回答"No, I haven't."。接下来教师可以结合学生的回答情况设置简单的问题"Have you...yet？Has he/she...yet？"由此引出现在完成时的疑问与否定句。这一系列的准备活动可以为主题语境下的语法教学活动开展打下基础，提高学生的综合接受度。

（二）开展语法活动

生动有趣的活动形式更加符合初中生的心理特征，同时也可以满足学生的多元化表达要求，尤其是真实语境的设计，能够让学生在语法学习方面事半功倍，让学生在语法的操练中获得更理想的效果。在具体的语法操练环节，教师需要特别指导学生关注时态，尤其是要增加学生的思维严密性，给学生排除语法学习障碍奠定基础。等到一组学生完成语法操练任务之后，教师就可以先让学生将回答复述一遍，目的是培养学生倾听习惯，也给所有学生提供一个大胆说英语的机会。这样的教学活动能够让学生在语言应用当中掌握语法，确保主题语境下语法教学的效果。

例如，在这一环节教师设置的任务是让学生猜测同桌做过哪些事情。为了尽可能消除学生表达交流当中的困难度，教师可以给学生提供一定的语言支架，帮助学生高质量完成学习任务，如"I think you have already..." "Yes, I have already." "I think you have already..." "No, I haven't...yet."等。教师可以先进行简单的示范，等到学生了解了这样的操作意图之后，教师就可以让学生自主操练，并在参与活动任务的过程中训练自身能力，消除对口语学习的抵触情绪。

（三）巧妙设计语境

在语法学习当中，因为学生的语言积累存在一定的缺陷，使得很多学生在新语法知识的学习当中遇到重重困难，不能够把已经学习的语法点和没有学习的语法点联系起来进行综合考虑。为了帮助学生解决这样的难题，教师就可以通过恰当设置学生容易接受同时又贴近学生生活的语境，让学生感知语法要点，分析新旧语法知识之间的关联性。比如，在学习现在完成时态的过程中。学生以往虽然也学习过时态方面的语法知识，但是学生所了解到的一般过去时与现在完成时都是在过去发生的，而现在完成时则和以往的学习有着一定的差别，但是仍然容易混淆。于是教师可以给学生营造一个看电影的主题语境，让学生感受从一般过去时到现在完成时的时态变化，特别强调二者的区别是是否对现在造成影响。教师可以先给学生展示《泰坦尼克》的海报，然后进行"Do you want to know what I have done？Please look at this picture.Can you guess what I did last night？" "I think you watched a movie last night." "Last night I watched Titanic." "So I can say I have already watched the movie."这样的师生交流对话，此时学生可以准确把握易混淆的语法，梳理语言的内在规律，促进学生在语境当中进行知识的掌握和迁移。

（四）拓展交流话题

等到学生掌握了现在完成时态的使用方法之后，教师可以给学生设置一定的交流话题，让学生进一步运用语法进行交流，表达提高学生的语言交际能力，也让学生在表达当中联系生活，保证沟通交际有效性。这样的教学设计可以给学生提供合作交流和自主参与的机会，更让学生在话题讨论当中相互支持，在主题语境之下完成对语法要点的消化吸收和理解，推动学生语言素质的发展。例如：教师可以给学生提供 books（read）、songs（heard）、food（had/eaten）、transportation（taken）这样的话题，让学生根据括号当中所标注的动词的过去分词，进行简单的交流对话，进一步开拓学生的思路，让学生在特定的主题探讨当中思考语法的最佳运用方法。

五、初中英语语法教学策略

（一）联系实际，语法教学生活化

英语是一门与生活实际联系十分紧密的学科，也是在生活中运用频率很高的科目之一，并且实际生活中也蕴含着非常丰富的语法知识，这就需要教师结合学生特点，挖掘生活中的语法知识，引导学生灵活地进行学习与运用。但在如今的语法教学中，教师的教学过程往往以"填鸭式"教学模式为出发点，脱离生活实际，在这种教学情境中，学生单一的接收语法知识，无法进行综合的练习与运用，这不仅会使学生对语法知识的记忆效率降低，刻板的学习过程还将引起学生的抵触心理，在此基础之上进行教学只会加剧学生对英语科目的抗拒情绪。这就需要教师在语法教学过程中，紧密地联系实际生活，以生活为出发点，引导学生探究语法知识，运用语法内容。在这个过程中，学生增加了对语法内容的练习，这将有效地帮助学生巩固语法知识，并提升学生的英语自主学习能力。

例如，在对"What did you do last weekend？"这部分内容进行授课的过程中，本节内容的语法教学目标主要是引导学生继续练习一般过去时态，引导学生牢固掌握固定句型，并能够使用固定句型进行简单的交流与介绍。首先，教师对学生提出问题，进行课程的引入，如"同学们上周都做了哪些事情呢？有没有哪位同学愿意和大家分享一下？"通过与生活实际相关问题的引入，可以有效地将学生的注意力集中在课堂，并激发学生的学习兴趣。在这个课堂氛围中，学生的学习积极性将逐渐高涨，教师引导学生做出回答后，就进行了一个完整的课堂引入，同时也使得本节语法课堂更加生活化，学生接受起来也将更加容易。

接着，教师带领学生对这部分内容的固定句型及语法内容进行学习，如"What did you do last weekend？ What did he do last weekend？"教师将学生分为两人一组，引导学生结合自己的实际情况结合句型进行实际的练习，在学生练习的过程中，教师要及时对学生存在错误的地方进行指正，保证学生的学习效率。在学生对句型的运用有了较为熟练地掌握后，教师带领学生进一步地进行探究与分析，如"一般过去时态的特殊疑问句"。教师可以先带领学生分析句型，如"特殊疑问词+was/were+主语+其他？特殊疑问词+did+主语+动词原形+其他？"基于这两个句型，教师对学生提出问题，引导学生结合句型对问题进行解答，如"上个周末你过得怎么样？__your last weekend？"或是"昨天他做了什么事情？__he do yesterday？"学生根据教师所讲的句型大多可以顺利地得出答案，此时教师可以引导学生对问题进行回答，学生结合自己的实际情况进行探究与讨论，在学生用英语回答的过程中，就是对语法知识的进一步运用与练习。这种教学模式不仅可以使课堂氛围更加活跃，同时也能够将语法内容与实际生活紧密结合，使学生在运用语法知识的过程中可以更加灵活，对语法知识的掌握也将在不断地练习中更加熟练。语法教学课堂需要教师切实地以学生的实际需求与特点为出发点，使学生在生活化的情境中对语法知识的理解更加立体，同时也能够使初中英语语法课堂更加多样化。

（二）提炼句型，语法教学简单化

多数学生对英语语法部分谈之色变，之所以会产生这样的情形是由于英语语法知识具有繁杂、枯燥且存在一定的难度的特点，并且教师在教学的过程中教学模式较为单一，这就使得英语语法课堂的教学效率不尽如人意。而英语语法大多有一定的规律可循，教师在语法教学的过程中，引导学生总结这些语法规律，带领学生化繁为简提炼出语句中的句型，就可以有效地改善英语语法的教学现状，使语法教学简单化，引导学生不再"畏惧"英语语法。对于部分具有固定搭配的语法或句式，教师可以引导学生结合语句进行造句或是提炼，这比教师单纯的讲解效果要好，而且更加节约时间。教师在引导学生提炼句型、运用句型的过程中，不但可以使语法教学简单化，还能够锻炼学生的自主探究能力，在这种教学模式下不仅学生的英语能力将得到一定的提升，还能改善学生对英语语法学习的固有看法，有效地提升学生对语法学习的积极性。

例如，在对"I used to be afraid of the dark？"这部分内容进行授课的过程中，对于这部分内容的部分语法项，教师可以采用句型或公式套用的方式进行讲解，这将使教师的教学过程更加高效，同时也可以将语法课堂简单化。首先，教师为学生提炼出这部分内容的语法，如 used to 的用法"在肯定句中：used 这个词没有人称的变化，to 后面接动词原形。其否定句是 didn't use to..."及"含有 used to 的句子的反义疑问句不要 usedn't+ 主语，而用 didn't+ 主语。"等精炼的语法知识。接着，教师带领学生对所提炼出来的语法知识进行练习，如教师可以引导学生自主地进行造句，或是对学生提出问题"When I was a child, I didn't use to like apples. 这句话的疑问形式是什么？"教师通过对学生提出问题，引导学生对语法知识进行练习，这将使学生对语法的理解更加透彻，也将一改学生被动接受知识的情形。最后，教师还可以结合本节内容进行扩展，引导学生进行总结与对比，教师可以带领学生总结 would 与 used 的共同点，如"都可以用来表示过去经常性或习惯性的动作，常常可以换用"。教师在列举出这一共同点后，引导学生进行举例，学生用 would 进行举例时教师可以为学生讲解 would 与 used 之间的替换，在这个过程中，学生对这两个词的用法以及相同之处将理解得更加深入。随后教师进一步带领学生发现它们之间的区别，并引导学生进行总结，在学生总结讨论过后，教师进行总结与纠正并得出结论，如"used to 表示过去经常性或习惯性的动作或状态现在已经结束。would 则表示有可能再发生"。

学生通过对语法知识的提炼与总结，对相应的语法内容记忆得将更加牢固，教师引导学生自主进行探究总结，也将有效地培养学生的自主探究能力，这将使学生的综合素养得到全面的提升。教师为学生讲解提炼过后的语法内容，将使语法课堂更加高效，学生的学习过程也将更加清晰明了，同时教师有意识地培养学生的自主探究能力也在一定程度上提升了学生英语学习能力，以及对语法知识的提炼能力，引导学生在比较总结与探索中进行学习，将使教师的教学过程事半功倍。

第二章 初中英语课堂教学基本情况

初中英语实施课堂教学活动要从学生的综合素质培养出发,强调语言基础、技能的掌握,也强调学生对语言背后的文化、风俗、国家与国家之间的差异进行了解。本章主要介绍初中英语课堂教学基本情况,分别从初中英语课堂教学目标、初中英语课堂教学困境和初中英语课堂教学模式三个方面展开来进行详细论述。

第一节 初中英语课堂教学目标

我国教育制度不断变革,教育部门要求初中英语教师在日常教学期间,既要注重提升英语课堂教学效果,也要着重培养学生英语知识学习和应用能力。主要就是因为英语是世界通用语言,在人们生活和经济全球化发展趋势下扮演重要角色。加之,目前新课改工作不断推进,初中英语教师要结合教学要求,重新构建初中英语课堂教学目标,在满足学生英语知识学习要求的基础上,制定完善的英语课堂教学方案。英语教师在课堂教学中,将培养学生英语应用能力和培养学生良好学习观作为教学目标,在使学生养成良好学习习惯的同时,保证学生发挥主体作用,打破传统教学观念和教学模式的束缚,从而为社会各个领域培养更多优秀人才。

在日常英语交流中,学生是否能够恰如其分、灵活自如地表达自我,是英语语言能力的重要体现。然而,现阶段的英语教学中仍存在重考试成绩、轻全面发展的现象,从而忽视了英语听说的教学,导致很多学生深陷"哑巴英语"的困境。因此,在初中阶段,教师要培养学生良好英语学习习惯,使其敢说、会听,培养学生的英语交际意识,促进学生英语思维的发展,激发学生学习英语的浓厚兴趣,使学生能灵活掌握书本知识,提高英语听说能力,为将来学习和应用英语打下坚实的基础。

一、初中英语课堂教学目标现状分析

目前的初中英语教学中，普遍存在着教学目标浅显、教学活动单一等现象，依据布鲁姆认知分类法，大多数教学活动停留在理解和识记的低阶层面，这样的教学不利于学生思想内核的构建和综合语言实践能力的提高。由于初中生面临着升高中的压力，所以许多英语教师在教学中以中考大纲为教学指导，以知识点的讲解为教学方式，这就导致了许多学生英语成绩很好，但是实践能力却较弱的现象。部分教师在英语教学中，没有坚持实用主义，而有分数主义的教学倾向，没有结合英语课本内容适当将英语教学内容进行延伸，同时也不注重对学生英语核心素养、思维品质、综合能力的培养与提升，忽视了学生的思维品质是学生学习的关键。

一方面，现行教材中语篇后的问题设计约有70%至80%是以事实性信息的识别、提取和理解为主。如教材中有 Suddenly a white rabbit with pink eyes ran by... 课后设计的问题是 What colour were the rabbit's eyes？原文中有 She landed on some dry leaves... 课后设计的问题是 Where did she land？这样的问题只需学生看语篇就能作答，根本不用去思考。如果问题设计仅停留在这样的认知层次，就会严重影响到学生思维能力的发展。

另一方面，语篇后的练习很少涉及学生的个性化分析和表达，学生的体验被忽视，思维深化被阻碍。如某教材"If you ever go to London, make sure you visit the Science Museum."一文，读后练习有判断代词 it、here、they 的所指，虽然稍稍涉及了学生的思维水平，但是仍然没有跳出文本内容的圈子，类似于 What do you think of the London Museum？Why？或 What kind of Museum do you prefer？Why？等关乎学生自己的个性化表达的练习却没有，也没有关于说明文写作特点分析的练习。学生在阅读的过程中既没有学会说明文的行文逻辑，也没有对博物馆这一事物建构起自己的新认知，从结构到内容都没有做足铺垫，所以文后的写作练习"Write a passage about your favourite museum."就成了无源之水。

二、初中英语课堂教学目标重构必要性

初中学生，正处于快速积累知识的阶段。初中英语教师以学生为主体，不断加大英语课堂教学力度，在注重提升学生英语"听、说、读、写"能力的同时，保证学生在未来使用英语沟通或是工作具备较强竞争力。传统形式下的初中英语教学工作，注重强调学生的应试能力，导致一些初中学校将英语学习定位为"中

考成绩提高的重要保障",这种错误的认知会使学生在英语课堂学习中产生逆反心理,不利于提升初中学生的综合能力。在新课改工作不断推进的状况下,为初中英语教师提升教学有效性提供了良好契机。初中英语教师结合新课改要求,重新构建初中英语课堂教学目标,主要从教学方法、教学模式、教学理念等多个方面进行创新,最终目的就是保证初中英语课堂教学目标具有科学合理性,在使其符合新时期初中英语教学要求的同时,满足社会整体在人才方面的需求。基于此,重新构建初中英语课堂教学目标这项工作,是紧跟新课改发展趋势的重要表现,更是提升初中英语课堂教学效率和教学质量的基础性工作。

三、初中英语课堂教学目标具体内容

2016 年 9 月,中国学生发展核心素养总体框架正式发布,核心素养逐渐成为中小学谈论的主题,标志着中国全面迈入核心素养新时代。标志是基于学科核心素养的高中新课程标准修订稿在全国范围内征求意见。核心素养具有鲜明的时代特征,也代表了中国教育发展的新机遇。英语作为一种语言,是当今国际交流与合作的重要交通工具,是思想和文化的重要载体。通过英语的学习,能够开阔学生视野,传播中国文化,坚定文化自信,增进国家间理解与交流。

初中英语课堂教学目标具体内容就是英语学科核心素养,主要包括语言能力、文化意识、思维品质和学习能力,核心素养的培养是依靠学生在英语课程教育过程中实现的。英语学科作为一门语言,更多地应该关注英语学科的育人价值,不仅仅是英语语言知识和技能的掌握程度,更应为学生的情感态度价值观、思维品质和跨文化交际能力的发展奠定基础。

(一)培养学生语言能力

语言能力是开展初中英语教学的核心素养之一。语言的教学中,教师就应当注重学生的语言环境,从学生听、说、读、写能力出发,更好地开展课堂教学。在初中英语教学当中,学生所缺失的主要是听力、口语交际和表达的能力。为了能够更好地提高学生的学习能力,教师就需要通过多媒体教学,向学生展示良好的语言环境,拓宽学生的学习视野,帮助学生拥有健康良好的学习生活,提高学生对于知识点的认知能力。

例如,在"My favorite subject is science"的讲解当中,首先,教师可以利用多媒体,让学生根据电子产品来对本节课的重点单词 favorite、subject、teaching inquiry、TV learning、curiosity、quick efficiency 进行跟读,帮助学生按照不同的

词性来认识这些重点单词。教师一定要注重培养学生的语言能力,增强学生对于知识点的学习自信心。紧接着,根据本篇文章,教师让学生认真地阅读,把不会的生词标注出来,通过翻阅词典,来认知生词,增加学生的词汇量。然后,根据课文内容,教师可以适当地提出问题"What's your favorite subject? How would you study this subject?"要求每一个学生认真思考问题,用英语与教师进行交流。学生可以参考作者是如何描写自己最喜爱科目的,用相关的句子和语法来组织自己的语言,锻炼自己的口语能力。最后,教师可以在课后开设一个交流座谈会,让学生就自己最喜欢的花、电影等进行英语交流,培养学生英语知识的理解能力,营造良好的学习氛围。

(二)培养学生文化意识

文化意识是初中英语教学的核心素养之一,它是指让学生了解英语历史和相关国家的风土人情,使学生更好地认识英语,形成正确的文化意识。为了让学生对知识点有深入的理解,教师可以开设一系列的主题活动,吸引学生的学习兴趣。主题活动的形式是多种多样的,无论是室内活动还是室外活动,都可以加强学生对于知识点的理解,提高学生的文化能力。教师在选择教学方法的时候,可以利用分层教学来辅助主题活动的开展,帮助学生更好地认知。

例如,在"Teenagers should be allowed to choose their own clothes"这一单元的教学当中,首先,教师可以在班级里开展主题演讲活动,要求班级的学生对本单元的重点单词 clothes、teenagers、choice、rapid、development、speed up、individuality 进行学习。让学生在预习完课本之后了解作者的中心思想情感,了解本节课所讲述的中心思想,更好地开展接下来的演讲比赛。这场演讲一共有两个观点:一个观点是父母可以帮助学生选择适合的物品,另外一个观点是学生是自由的,父母应该不干涉。针对这两个观点,教师让学生们结合自己的生活经验,选择自己认为正确的观点进行分析,并用英语来总结。然后,在学生准备演讲稿的时候,教师可以提醒学生:"Teenagers have their own unique ideas and should choose their favorite clothes."让学生明白相对自由和绝对自由的基本含义,更好地对两个观点进行深度地探究。最后,在演讲比赛期间,有的学生用英语进行简单的总结,表达自己的想法,有的学生通过唱歌或者对自身经历的讲述,进一步佐证自己的观点。通过这种主题活动,教师既可以让学生掌握英语的学习方法,又可以锻炼学生的思辨能力。

(三)培养学生思维品质

英语课程作为初中的重要课程之一,对学生思维品质的培养有着重要的意义和作用。思维品质的培养不是一蹴而就的,而应该科学、合理地引导学生思维以单向度思维——多向度思维——综合性思维的路径实现发展与提升。聚焦英语教学的阅读文本,引导学生掌握阅读文本的意象内容、情感价值、审美特性等方面的内容,由此可以发散学生的思维,提升学生的素养。教师需引导学生在英语教学中更好地了解相关文章的内涵与思想,了解英语的人文精神,以此来达到培养学生思维品质教学目标。思维品质培养的关键就是打开学生思维的天窗,让学生不再局限于英语课本知识点的学习,而是将英语作为一门日常交流与沟通的语言并在生活中有效地运用。英语教学涉及多方面的能力和素养,对学生思维品质的发展与提升有着重要作用。

1. 思维品质内涵

思维品质是综合性的素养,系统性的能力。由于学生先天禀赋不同和后天教育环境的差异,所以学生在思维品质的发展与提升上也有一定的差异。新时期对学生思维品质的培养包括以下内容:逻辑能力、思维打开的程度、思维的深度、独立思考的能力与素养、创造力与灵活性、思维的敏捷性与能动性、反思批判意识与能力、多维度思维与高阶思维的能力、思维的预见性等。在教学实践中,教师要根据教学内容与教学目的的不同,有针对性地开展思维品质的培养工作,切实将学生的思维品质培育落实到位,因为思维品质的发展与提升是促进学生学习的关键品质和核心素养。

2. 思维品质培养

(1)深入学习、仔细研读

在当前的初中英语教学中,教师通常是先讲解生单词、词组,然后分析阅读片段中的句式、时态等,最后对全文进行翻译。这样的教学方式虽然有利于学生循序渐进地学习,但是对学生思维品质的培育作用不大。学生在英语阅读的学习中,应该对文本的意象信息、情感信息、审美信息等进行全方位的赏析,这样的学习高度和视角才会有效促进学生思维品质的形成。因此在英语教学实践中,教师应该引导学生对文字片段进行深入理解与赏析,全面地、整体地把握文本的内容与情感思想。

例如,"A few students are running around the playground."教学中,文段主要讲述了学生在操场上玩耍的情景。教师可以先将文段的单词、词组、语法、时态等内容讲解到位，让学生了解文段的内容，再引导学生赏析文段的情感色彩，促进学生对文段的全面理解与掌握，让学生感受文段的情感，提升学生的感性思维品质和想象力。情感认知也是促进学生思维品质的重要组成部分，因而教师在教学中，应加强对学生人本主义与感性认知的培育。

（2）利用信息技术

初中英语教学存在对信息技术利用不充分的问题，这就限制了学生英语能力的全面发展与提升，特别是没有能够促进学生思维品质的发展。这就要求教师在教学中要通过新媒体技术丰富英语教学素材与内容，强化学生对英语的深入学习和全面理解。学生深度的参与、积极的互动、流畅地表达、生动地展示对学生思维品质的发展有着正向的积极作用。

例如，"Is there a computer in your study？"教学中，首先让学生全面掌握文段的内容，接着教师连接网上的视频，通过播放一些视频来提升学生对本文段的赏析的兴趣。如播放一些经典的影音视频，让学生观看并学习主人翁的探索精神和创造精神。视频播放结束之后，教师让学生对自己的学习环境进行简单地表达。这样的教学实践活动，一来帮助学生掌握了课本知识；二来拓展了学生眼界；三来培养了学生的英语口语表达能力。这种循序渐进的教学过程，有助于发展学生的思维品质。

（3）加强批判性思维

要想学生核心素养和综合能力得到提升，需要培养学生的批判思维和多维多思的能力。教师根据英语课文的文本信息，可以培养学生批判思维和多维多思能力。

例如："The food Festival is now open！"教学中，课本中提到"Kangkang cooked the most successfully."，教师可以引导学生通过Section B中的"价格表"进行合理计算和思考，从而写出合理的价格清单，对不合理的价格清单提出修改意见。这就代表着学生对文本的理解的维度更多，对文本信息的掌握更好。这样的对比和比较式的学习方式能够激发学生的多维多思能力，从而更好地促进学生思维品质的发展与提升。教师也可以提出一个批判性思维的问题："Do you think who cooked the most successfully？"这个问题可以让学生通过对Section B的"价格表"进行计算，了解到Kangkang和Maria挣的钱不如Jane多，从而得出答案是Jane煮的最成功。这样有利于学生思维的发散，通过对文本信息的批判性的思考，学生会更好地投入到英语学习之中，也有利于思维品质的有效提升。

（四）培养学生学习能力

除了要培养思维品质之外，核心素养还要求加快对学生学习能力的拔高，这也是新课标要求之下的英语教学新任务。为了全面提高学生自主学习能力，教师要对教学方式和教学手段展开创新，以新课标的要求为参照，鼓励学生合作学习、探究学习、自主学习相结合，围绕着英语教学目标和任务，科学地设置学习方案，提高训练的自主性。例如，在学习"Teenage Problem"这篇课文的时候，为了加强对学生自主能力的培养，教师可以在课前预习阶段布置预习任务，让学生带着问题去阅读课文了解这篇文章大意、重点词汇和语法。之后，教师可以利用多媒体教学方式设计翻转课堂或者微课视频课件，让学生加强对该单元内容的深入学习和探索，配合问题的解答，实现对学习能力的延展。

例如，教师可以向学生提出问题"Do you have any teenage problem in your school life？How do you deal with this？"这一问题和该单元的文章主题非常契合，能够让学生围绕着主题任务展开思考。这个活动具体可以通过小组合作学习来展开。教师可以把学生按照一定的标准分成若干学习小组，让每个小组的组员之间展开合作和交流，通过深入沟通和探讨交换思想，共同解决问题。通过小组组内探讨和交流的过程，学生也可以了解身边的同学都遇到了哪些问题，又是如何解决的，和自己的情况进行对比，在提高自己的团队精神合作能力的同时也能锻炼思维能力。这样能够打破教师一言堂的传统模式，让学生的根据自己的实际需求和学习情况展开深度思考，有助于培养和内化学生的核心素养。

四、初中英语课堂教学目标构建策略

（一）以教材内容为基础依据

以往初中英语教师开展的教学目标设计工作，具有过于重视知识传授工作的问题，具体表现为在英语课堂上花费大量的时间，来剖析语法和句法的特征，要求学生背诵课本，以此来达到提升学生词汇量的目的。这种错误的做法，导致学生不具备充足的时间独立思考和自主学习，不利于提升初中学生英语知识学习能力。我国教育事业发展水平显著提升，新课改工作全面实施，初中英语教师为了保证英语课堂教学目标重构工作，符合标准要求，就要以教材内容作为基础依据，在不断强化教学目标设计拓展性的同时，为后续提升初中英语课堂教学效果奠定基础。

在新课改理念被提出和应用之后，初中英语教师在保证教学质量的基础上，将课本知识转变为学生提升自身综合能力的重要保障。重新构建的初中英语课堂教学目标，要求教师既要充分考虑学生学习需求，也要满足新课改工作要求。比如，初中英语教师在实际设计教学目标期间，全面结合英语教材中每一个章节的内容，深层次地挖掘英语教学活动组织形式，自身具备的教育价值；后续教师在教学期间就要在提升学生自主学习能力这项工作中投入更多的时间和精力。在此期间，教师将英语课堂知识作为中心依据，从学生实践应用能力培养这一角度，为学生自主学习和探究创造良好环境。

（二）将学生素质作为基础条件

传统教育形式下的初中英语课堂，教师因为过于注重教学进度、学生注重记笔记，导致教学质量和教学效果无法满足标准要求。基于此，在新课改这项工作中，明确指出教师在课堂讲解知识期间，不能发生忽视学生主体地位、强调死记硬背和机械训练等问题，而是要提倡学生积极主动参与互动、乐于探究、勤于动手，这样不仅能够使教师在英语课堂上更加高效地培养学生搜集、处理信息能力，也能使学生具备知识获取、分析处理能力。在此之后，初中英语教师就要将学生素质作为基础条件，在凸显教学目标设计关键性的同时，尊重学生差异，为学生主体性发展提供充足的时间和空间。初中英语课堂上，教师全面结合教学内容，将情景剧、演讲、表演、英语书法等多种不同类型的活动融入其中，在使教学目标具有灵活多变特征的基础上，提升课堂教学效果。

（三）以促进学生发展为目标

初中英语新课改的主要内容，就是要求教师遵循"以人为本"教学原则，在保证学生充分发挥主体作用的基础上，关注班级中每一个学生的学习状况，同时也要尊重学生之间存在的个体差异。在做好这些工作之后，教师重新构建英语课堂教学目标，充分利用分层分类教学法，在满足学生需求要求的同时，促进学生个性化发展。需要格外注意的一项工作，就是保证具体应用的教学方式能够被学生接受，制定符合初中阶段学生年龄、心理、学习能力等多个方面要求的差异化教学方案。教师在正式应用分层教学法之前，要细致调查学生的性格特点学习需求，之后再按照实际状况将学生分为A、B、C三类；教师备课和授课阶段，需要遵循针对性原则，并且在后续开展考核和评价工作时，也要保证具体开展的教学工作具有针对性。这样既能帮助学生重新建立学习自信心，也能增加初中英语课堂教学目标层次性。

（四）创新英语教学理念

一是英语教师在讲解知识内容期间，为学生高效学习，构建一个具有民主平等特征的课堂氛围，这样在使学生充分发挥主体作用的同时，能够促进学生沟通。对于教师而言，需要将学生看成为与自己一样的平等的社会成员，并且也要尊重和爱护学生，在帮助学生解决生活和学习中各项难题的基础上，构造高效英语课堂。此外，教师也要深入挖掘学生学习潜力，在培养学生英语理解能力的同时，提升英语课堂教学效果。

二是遵循因材施教原则开展教学工作。为了能够保证学生全面发展初中英语教师就要将课堂教学与课外实践相结合、将家庭教育与学校教育相结合，在形成一种新型教学模式之后，不断丰富教师教学内容。从而帮助初中英语教师更好地完成教学任务。

第二节 初中英语课堂教学困境

众所周知，在传统的英语教育中，单词、语法等毫无疑问都是重点内容，所以教师一般都比较重视。课堂也都是以教师直接传授知识给学生为主，学生只会死板记忆，课堂形式僵化，学生对英语知识也难以吸收。当然随着教育的不断发展以及新课程的改革，大部分教师已经意识到当前课堂的问题，但是意识到归意识到，却很难在实际中改善，因为应用经验的缺乏与现代研究的不深刻让教师抵触与时俱进，不愿在实际教学中创新。不可否认的是学生在学习中是绝对的主角，且初中学生处于叛逆心理最严重的青春期，所以教师主观的命令式教学容易激发学生逆反心理，不利于学生对英语的学习，也不利于教师教学目标与教学任务的达成。探索有效的英语课堂教学策略是当下初中英语课堂教学最值得关注的问题。

一、初中英语课堂高效教学的要求

"高效教学"主要是相对于传统课堂教学来说，以活动为载体，学生参与为形式，采取多样化的教学策略激发学生兴趣，实现教学有效性。在这一教学模式下，学生是否进步，是否得到了发展，是衡量课堂教学效益的关键性指标。而针对教学是否具有效益这一概念进行衡量时，并不是说教师在课堂教学中有没有完成教学任务,或者教师在课堂教学中教学态度认真与否,而是学生在课堂学习中是否学到了知识?学生学得好不好?在初中英语新课程改革中,对初中英语教学提出了更高的要求,不仅要向学生传授基本的语言知识,强化学生的英语听说读写能力,还要在此基础上培养和发展学生的英语习惯、学习兴趣,并在教学中最大限度发掘学生的潜能,使学生树立正确的英语学习态度,更好地落实英语核心素养。

具体来说,新课程改革下初中英语教学理念主要包括四个方面的内容:

(一)突出学生的主体

教师在组织和开展教学设计时,应坚持新课程改革下的"生本教育理念",围绕学生的学习需求、实际情况等,精心设计教学方案,给予学生更多的自主空间,能够最大限度满足学生的个性化学习需求。

(二)教育应面向全体学生

教师在组织和开展课堂教学时,应转变传统"一刀切"的教学模式,结合每一个层次学生的实际情况,设计与之相适应的目标,采取有利于学生参与知识构建的教学形式,这样才有利于全体学生的发展。

(三)灵活运用多种形式

新课程理念下,学生的发展需要灵活、适宜的教学方法,多姿多彩的教学形式,教师要为学生提供个性化学习的平台,促使学生在多元化的课堂教学模式下,高效地开展学习。

(四)开发课程资源

新课程理念下,教师在组织和开展英语课堂教学时,不能局限在英语教材中,而是围绕教学内容,丰富和拓展教学资料,为学生提供各种各样的学习资料,最终拓展学生的视野,真正实现学以致用。

二、初中英语课堂教学存在的问题

在初中英语课程改革的实施阶段,教师采取诸多有效的教学方法培养学生的语言应用意识,多角度渗透理论知识讲解,虽然取得一定的成果,但是仍然存在些许问题有待解决。

（一）学生自主学习动因薄弱

初中学生年龄大多在13—15岁，还没有形成成熟的性格，对学习的认知也不足，没有养成良好的学习习惯。而且在家里也是娇生惯养，父母没有充足的时间进行家庭教育，对学生学习的关注度不高，也没有起到良好的监督作用。这个年龄段的孩子玩心重，没有很好的自制力，很容易受周围学习环境的影响，导致整体的学习积极性不高，自主学习动因薄弱。此外，学生学习词汇的方式不一，没有掌握正确的学习词汇的方法，总是采取死记硬背的方式，这就导致学生的学习效率较低，久而久之，对英语的学习丧失信心。

初中英语课堂教学中学生自主学习动因薄弱具体体现为：不愿开口讲英语、不愿意参加英语口语交际活动；不愿完成课堂训练、写作训练、回答教师问题时对教材、教师指导的依赖程度较高；对待英语学习持应付态度，不能积极思考英语问题、探寻适合自己的英语学习策略。大部分初中生学习英语依靠的是外部动因，即教师对其的强制性要求、家长对其的期望、学校及教师所提出的英语学习标准等，其内部动因，如对英语学习重要性的高度认知是非常匮乏的。英语学习兴趣薄弱的主要原因在于教师在课堂教学中忽视学生英语基础水平、所处语言环境、生活条件等，导致学生难以通过英语学习完成教师在课堂上提出的任务，无法以现有知识参与课堂活动，难以感受到英语语言魅力及对自身当下学习与未来发展的重要价值。由此可见，目前初中英语课堂教学有效性低，与学生自主学习动因薄弱息息相关。

（二）教学方式陈旧，目标不明确

课堂教学中学生的学是一方面，教师的教也很重要。学生学习的积极性和主动性一部分是在日常教学中培养的。很多老师并没有意识到自己的新身份，还是按部就班地沿用陈旧的教学方式，单一地讲，学生机械地练习，没有注意学生的主体地位，没有充分尊重学生的主动性，更没有注意到要培养学生的学习兴趣，更多的还是强调单词和语法的死记硬背，没有给学生留下独学内化的时间，因此导致部分学生厌倦学习英语。另外，教师的教学手段也很单一，很多老教师，虽然教学经验丰富，但是缺乏创新意识，缺乏对新事物的学习，在他们的课堂上，最常见的教具还是黑板和粉笔，很少使用现代化的多媒体设备，即便是使用，也是简单播放幻灯片和音频，没有深挖可利用的教学资源，不能满足学生对知识的新鲜感和好奇心，这也导致学生学习的积极性不高。再者，微课的制作需要专业技术，这对很多老师来说是个难题，他们很难做出自己满意，学生也满意的微课，因此，也逐渐打消了创新教法的想法。

在传统的英语教学中，教师通常只是一味地将英语知识灌输给学生，在教学过程中并没有将教学重点划分出来，因此就会出现教学目标不明确的情况。这说明教师在课前并没有认真挖掘教学内容，对于教材内容的教学目标并不清晰，没有理解编者对于该内容的设计初衷。教师没有在课堂上指出教学重点，教学内容就会变得繁杂，学生的学习思路也会被打乱，这样一来，即便教材内容满足了学生当下的学习需求，教学内容条理不清晰仍然会成为教学效率低的主要原因，那么学生的各方面能力发展也会受到不同程度的影响。

（三）忽视学生核心素养的培养

虽然当前的初中英语教学强调要落实素质教育的要求，培养学生英语学科核心素养。但在实际教学中，部分教师依然采用应试教育的模式，教学方式模式化、表层化、碎片化，忽视了对学生核心素养的培养，学生的综合能力难以得到有效提升；在教学内容上，依然坚持以词汇、语法知识学习为主线，缺乏对学生技能训练的内容。同时，由于学生的英语学习缺乏相关的语境，使得他们的语篇意识不强，限制了学生英语思维的发展。依然是被动地接受性学习，更多的是强化知识点的训练与记忆，缺乏真实语境下的语言实践活动，使得学生在初中英语学习中靠的仍是死记硬背，灵活应用语言的能力较弱，学生的英语核心素养培养没有真正得到重视。

（四）忽视学生基础，忽视分层

在新时代，全球一体化发展的进程中，英语越来越重要这是必然，所以从小学开始，对于英语的教学教师都非常重视。但尽管如此，由于学生没有适宜地学习英语的环境，他们对于英语的学习仅停留在课堂上，课下不及时复习、跟进，导致他们基础非常薄弱，远远没有完成学习任务。但是在初中英语课堂上，大多数教师却忽视了这一点，不从学生的英语基础出发，导致学生听不懂、不理解，进而不愿听、不爱听。影响学生学习英语的兴趣，也制约课堂教学效率。比如，"Good morning！（早上好！）"这单元内容教学中，教师关注的首先应该是这两个单词。学生虽然知道这两个单词组合在一起的意思，但是得让他们明白两个单词本身的意思，还要让他们会写、会拼、会读、会用。然后再给学生着重讲 be 动词的用法，学生不但会更有信心，也会更有兴趣，能达到更好的教学效果。但是在具体的教学中，恰恰相反，教师关注的只是 be 动词的用法，似乎这两个单词学生小学接触过、学过，就一定会读，一定会写。忽视学生的基础，学生没有扎实的、可以支撑起学习阅读理解、写作的资本和能力，课堂教学质量就难以保证。

新的初中英语课程标准特别强调：初中英语教学要面向全体学生，充分考虑语言学习者的个体差异性。强调教师要在充分了解学生个体差异和不同需求的基础上，采取灵活多样的教学方法和评价方式。这实际上是要求实施分层教学，但是由于受传统观念的影响，再加上责任意识不足，有些教师缺乏分层教学的意识或在分层教学的实施过程中出现偏差。无论是在课前预习、课上探究还是课后作业方面，所有学生吃的是一样的"大锅饭"，针对性不强，导致有些学生在英语课堂上"吃不下"，有些学生却"吃不饱"，难以满足学生差异化的学习需求，影响了学生个体的发展。

（五）教学策略的运用不灵活

英语是一门外来语言，所以教师为了帮助学生更好地融入英语学习环境，更有效地学习英语、应用英语，运用了很多策略。如多媒体、电子白板等。尤其是教师在教学中运用思维导图，既能帮助学生梳理重点，也能让学生的学习更有系统性、条理性，使学生对于课堂教学内容的知识点能一目了然，树立明确的学习目标。这原本是一个很有效的甚至说是高效的、新兴的教学策略，有利于提升教学质量。但是这个好的策略，教师在教学中运用得却非常的有限、死板，缺少灵活度，也就没有把思维导图的教学作用，总结作用，梳理作用发挥到极致，教学效果就不太理想。比如，有些教师总是以为，思维导图只能用在课文教学中，如，围绕关键信息或者中心思想，给学生梳理课文中的脉络、重点，让学生一下子明白课文讲什么，重点在哪里，以及达到预期的目标。这当然没有错。但是在像词汇这类基础知识教学中，教师就想不到运用思维导图，或者压根就觉得这些简单的知识用不着思维导图。其实，我们知道，简单是相对而言的，在教师眼里简单、易学的基础知识，在学生那里未必简单，教师如果站在自己的角色，用自己的思维和能力判断该怎么教，采用什么策略，教与学之间就永远隔着一层皮，学生对知识的学习总是一知半解，学习效率低下。比如词汇教学中，教师明明可以用简单的思维导图，给学生梳理词汇，与新学单词相似的单词，它的同义词、反义词，它在句子中的作用等等。这些都可以做成相应的思维导图，帮助学生记忆。可惜教师忽视了这一点，对教学策略的运用缺少灵活度，使教学效率就大打折扣。

（六）课堂氛围僵化，互动不足

目前初中英语课堂最常见的教学流程是：教师讲解词汇、句式、句法等语言基础知识——学生自主阅读教材文本，圈画出语言知识点并跟随教师讲解做笔记——教师出示课堂习题，学生思考并解答习题。此种传统的教学流程，看似将阅读及思考的主动权交给了学生，但实际上学生始终随着教师思路理解语言知识、分析语言基本规律与语言场景，在整个学习过程中未经历过英语知识的自主建构、语言思维的激发、语言交流场景的联想想象及语言运用的自主组织。且在此种教学流程下，课堂结构十分单一，以教师讲、学生听为主，虽然设计了环环相扣的教学环节，组织开展了阅读、思考、讨论等教学活动，但脱离当代初中生思维活跃、好奇心强、自我意识觉醒的心理与年龄特点，制约了学生对英语知识的内化吸收、迁移应用，不利于提升英语课堂教学的有效性。

英语教学其实是知识交流活动，但就初中英语课堂教学现状而言，教师往往处于"单边行动"之中，即以英语知识为本位，以知识传输密度与速度作为衡量课堂教学效果的唯一标准，片面认为教授完课标内的英语知识即可达到教学要求，因此在课堂上花费大量时间与精力用于讲解，学生则在教师带领下机械性记忆。此种英语课堂教学观念、教学方法，导致教师忽视学生听、说、读、写、译语言能力的综合训练。出现该问题的主要原因在于课堂互动性不足，学生缺乏语用机会，在课堂上不敢说、不会说，最终导致其不能说。

（七）学生缺少实践应用的机会

英语是一门语言，语言的学习输入与输出要结合起来，学生才能明白学习语言的意义，也才能深入理解内容、融入内容。所以，教师理应在教学中，有意识地为学生创造一些语言环境，如情境对话，演绎故事，或者组织学生开展英语演讲，让学生每天用英语写几句话或者一段话，在课堂上尽量用简单的英语与学生交流等等，来保证学生的所学有所用，并会用。然而，在具体的教学中，初中英语教师采用的方法还是比较传统，目的还是为了应试，中心还是在智教，方法不灵活，内容也相对局限，学生在课堂上学到东西在作业上、应试中用都有些困难，更别说让他们在生活中潇洒地用简单的英语与同学们交流了。比如，"When is your birthday？（你生日是哪一天）"，教师应该给学生讲解完陌生的词汇，帮助学生扫除课文学习的障碍之后，给学生创设一个学习情境，把课文编成小剧，让学生互相询问生日并回答，这样学生不但能熟悉这一课的学习意义重点，达到学习的目的，还能对其中的内容达到学以致用的目的。但是在具体的教学中，大多数教师只是让学生熟悉完陌生词汇后，引他们读课文，一板一眼，认认真真，既激不起学生兴趣，教学质量也不理想，更别说让学生把所学运用到生活中、学习中了。这种忽视运用的教学模式，导致的结果就是高成绩、弱能力，还有就是"哑巴英语"的出现。与学生的学习，英语教学的全面发展都非常不利。

三、初中英语课堂教学解决问题的措施

（一）制订教学计划

科学的教学计划是解决初中英语课堂教学问题的关键，教师对此应有足够的认识，并在课前做好相关的工作。一方面需要认真研读教材资料，总结其中的重难点，并全面了解学生的实际学习情况，明确学生的薄弱点，进行针对性备课。另一方面教师要结合新课改的教学目标，对学生在课堂学习中可能会出现的问题进行预设，安排课堂的教学步骤，同时为学生制订具有层次性的教学内容，使课堂教学更具针对性和有效性，保证每一位学生都可以获得一定的进步和提升。

（二）做好课前准备

教学准备阶段是初中英语课堂开展的依据，对于课题活动的顺利开展和学生的积极参与具有直观的影响。充分的课前准备是构建高效英语课堂的重要前提和基础。在初中英语课堂教学中，要注重培养学生课前预习的好习惯，指导学生对本节课的教学内容进行自主阅读和思考，理解并掌握其中的基础知识，明确教学的重难点，让课堂学习变得更具针对性。通过与教师、同学分享自己的预习感想，共同探讨学习过程中遇到的问题和难题，促进课堂教学质量与效率的提高。要达到这一教学目的，教师需要辅助学生一起做好课前预习。在初中英语教学过程中，教学准备并非简单地备课，而是立足于三个方面，从学生、教师和师生关系三个方面做好充足的准备工作，为进一步开展高效教学奠定坚实的基础。

1. 积极预习，自主掌握教学内容

在打造初中英语高效学习时，教师应指导学生在上课之前，做好充足的准备工作，而这一环节也就是"预习"。以往死记硬背词汇字典意思，强套语法的方式起不到预习的作用，学生已经习惯被动接受知识的状态，对教师存在极强的依赖性。在这种模式下，学生一直束缚在教师的教学思路中，难以真正参与到课堂中，无法实现高效学习。面对这一现状，教师在打造高效英语课堂教学时，应关注学生预习的效率，增强学生预习实效性。教师可以精心设计预习微课，并将其

上传到班级平台上，引领学生在课下结合微信的指导开展课前预习。教师也可以编写预习导学案，引导学生对内容进行系统和全面的自主学习，学生在预习的过程中，可将疑惑的知识点进行标记，或者将其反馈给英语教师。教师则结合学生的预习反馈，精心制作有针对性的教学方案，使得课堂教学更加有针对性，有效避免了传统教学模式下的盲目教学。

例如，在教学"Online tours"这一单元的时候，教学内容主要围绕网络来展开，是中学生都比较感兴趣的话题。针对这一特点，在课前预习环节，教师可以结合教学目标和教学内容，提前给学生布置一些课前预习任务，让学生在互联网上搜集相关的学习资料，并讨论网络旅行的感受以及网络在实际生活中的应用等，为课堂教学做好准备。改变单一地向学生灌输语言知识，在教师的帮助和指导下，让学生学会发现问题，并分析和解决问题，进而由被动学习向主动探究转变。

2. 重视备课，体现学生课堂主体地位

教师在组织和开展课堂教学之前，应做好充足的准备工作，也就是所谓的"备课"。面对新课程改革下的初中英语教学要求，教师在进行高效备课时，必须要对这两个方面进行关注：一方面，对初中英语新课程标准进行认真研读，并据此制定出有针对性的教学方案。具体来说，初中英语教师在备课之前，应对现行的英语教学理念、教学目标等进行全方位的解读，并在此基础上围绕英语核心素养，精心设计教学目标、教学方案；另一方面，还要关注学生个体发展。由于学习习惯、英语基础和实践能力等因素的影响，学生之间存在显著的个体差异性。教师唯有充分了解学生的优势，学生学习方法的不足和知识的薄弱点，才能制定出有针对性的高效教学方案。

3. 构建和谐课堂，促进师生关系融洽

在构建高效教学模式的过程中，教师还应明确教学过程是师生互动的过程，缺乏任何一方都会影响课堂教学效果。针对此，初中英语教师在进行课前准备工作时，还应努力营造一个和谐、融洽的师生关系，确保师生之间的良性互动，互动与交流才能够体现语言的特点，也能够更好地理解和应用英语语言进行表达。一方面，教师针对学生的语言能力和表达能力，设计相应场景交际活动，根据学生层次采取针对性的教学方案；另一方面，教师还应彻底转变传统的"师道尊严"理念，主动与学生打成一片，并在具体的教学中，主动关心学生、鼓励学生、帮助学生等。

(三)深化文本内涵

语言是文化的载体,英语作为一门语言学科,其学习内容与英语国家的文化习惯有着密切的关联。因此,教师在为学生讲解英语课文时,不应仅关注英语语言知识的传授,还应关注知识背后的文化内涵。在实际教学过程中,教师可以在学生充分理解课文知识的基础上,带领学生深度挖掘课文知识背后的文化要素和文化内涵,并抓住机会适时进行相关资料的补充,引导学生关注语言与文化之间的密切联系。通过这样的学习,一方面,学生对课文知识的理解更加深刻,这更有利于其对相关知识的内化吸收。另一方面,学生对英语语言及其背景文化有了更充分的了解,这更有利于其文化视野的开阔,英语思维的提升。

例如,在教学"Welcome to China"一课时,因为本课为学期的开篇课,所以在开始正课之前,教师可以在课程导入阶段为学生讲解学习英语的作用,以及学习英语的正确方法,以此激起学生英语学习热情,提升学生英语学习兴趣。然后,教师再利用多媒体设备向学生展示外国人在见面时的打招呼方式和用语,将学生带入英语学习情境,开始正课学习。在正课学习过程中,教师可以先让学生自主阅读课文,并找出课文中用到的打招呼用语。在学生完成自主阅读后,教师可以先指定一位学生,让其根据课文内容与自己进行互动。教师:"Hello!"学生:"Hi!"然后再让学生自行组合,两人一组进行互动。如学生1:"Hi,Zhang Hua!"学生2:"Hello,Zhou Jie!"。在学生基本掌握英语打招呼用语后,教师可以利用多媒体设备继续为学生创设教学情境。教师可以先在大屏幕上展示一张一个小男孩在机场接待三位刚下飞机的外宾的图片,然后向学生提问:"他们之间应该怎样打招呼?"因为有前面学习的基础,大多数学生都能很快地回答出来。在学生们回答完后,教师可以抓住时机让学生将我国与外国的交流礼仪进行对比,分析中西方文化的差异,从而进一步深化学生对英语学习重要性的认知。

(四)促进学生自主学习

活动是语言的载体,在丰富多彩的语言活动中更有利于学生自主学习的开展,教师应结合教学内容,立足于学生生活周边,开展与教学主题相关的语言活动,让学生在活动中使用和构建语言,获得语言能力,发展学生思维,提升学生参与度,使所有学生在学习中都有所发展。

第一,创设情境,激发学生的英语学习兴趣。唤醒学生的英语学习兴趣是构建高效英语教学模式的关键点。因此,初中英语教师在优化课堂教学时,应结合教学内容、教学需求等,精心设计高质量的教学情境,借助特定的英语情境,增强学生的语言应用效率，增强英语教学效果。

第二，积极开展竞赛，活跃课堂氛围。在提升初中英语高效教学质量时，应立足于初中阶段学生具有极强的好胜心、进取心，结合其喜欢争强好胜的特点，积极开展各种英语竞赛活动，促使学生在参与竞赛的过程中，积极主动参与到英语学习中。

第三，开展合作学习。新课程改革背景下，教师在优化课堂教学活动时，应围绕"自主、合作"的原则，实现学生自主交流、合作与知识的获取，满足学生情感与态度的需求。教师应精心设计合作任务，以实际的交际、问题解决、场景对话为主题，促使学生围绕教学任务展开讨论和分析，最终促使学生更好地完成教学任务。

第四，利用多媒体开展教学。信息技术背景下，教师在优化课堂教学时，可充分发挥现代信息技术的辅助作用，将丰富的教学资源引入课堂，增强语言环境。具体来说，在开展听力教学时，可借助互联网上的视频，强化听力教学。在开展口语练习时，可从网络上搜集相关资料，改善学生的发音等。

（五）深挖生活元素

教师要设法将课本知识与实际生活相结合，激发学生的英语学习热情，加深学生对课文知识的理解，培养学生的英语思维，提高学生英语语言的迁移和运用能力。在教学过程中，教师可以通过将课文主题内容和学生熟知的实际生活相联系的方法，降低学生学习难度，激发学生学习兴趣，提升学生学习效果。

例如，在教学"Let's celebrate"一课时，为了加深学生对圣诞节及其庆祝方式的理解，教师可以将圣诞节与我国传统节日进行对比，以此深化学生对课文知识的理解，提升学生的学习兴趣。在实际教学过程中，教师可以为学生增加关于我国传统节日及相应习俗的英语说法。如教师可以带领学生用英语认识我国的春节——Spring Festival、端午节——Dragon Boat Festival 等，及春节的习俗挂红灯笼的英语表达方法 Hang red lanterns、端午节的习俗吃粽子的英语表达方式 Eat rice dumplings 等。这样的教学方式，不仅能帮助学生丰富英语知识，还可以激发学生英语学习的兴趣，提升学生的英语思维，提高学生的英语语言运用能力。

（六）完善课后评价

教学评价是英语教学改进的不二途径，也顺应了新课程发展的需求，以往成绩论英雄的评价与新课程改革下的教学理念不相符。基于此，在实现高效教学评价时，应关注以下三个方面：(1)实施多元评价，结合核心素养的本质，教师尊重学生的课堂主体地位，彻底转变传统的"一言堂"评价模式，将学生这一主体纳入教学评价中，促使学生在生生相互评价、自我评价的模式下，提升英语教学评价的效果。(2)分层评价，唤醒不同层次学生的学习热情。在优化教学评价时，教师还应关注学生的个体差异性，结合学生的已有知识、能力水平、潜力等，对其进行纵向评价，使得每一个层次的学生，都能在针对性的评价中，发现自己的优点，明确努力的方向等，最终提升教学评价的有效性。(3)灵活评价。在优化教学评价时，还应善于捕捉教学评价的契机，发现学生的闪光点，对其展开激励，不断激发学生自信心。总之，在新课改理念的推动下，初中英语教学要契合学生自主学习和个性发展的需求，教师要引入丰富的英语资源，开展丰富多彩的英语语言训练活动，让学生在活动中各展所长，各抒己见，观点和知识互相交织，思维与方法激情碰撞，有效地实现教学的高效性。

（七）营造深度学习环境

深度学习的重点是为学生提供自主学习平台，促进学生自主地学习和探究。要想实现学生的深度英语学习，并让学生在学习过程中保持积极探索与研究的热情，一方面，教师要为学生提供优良的英语学习环境，营造轻松愉悦的英语学习氛围，使学生切实体悟到英语深度学习与深层次探索的快乐，产生强烈的学习意愿，并能自主地投入到深度学习中去。另一方面，教师要与学生形成和谐的师生关系，并与学生一同合作探索，研究英语知识，引导学生把英语深度学习变成一种自主学习的习惯。

此外，教师还应该为学生推荐一些质量优异的英语阅读材料，特别是一些经典的英语作品，如 Roman Holiday、Mutiny on the Bounty 等，引导学生将课堂内所学知识与课外阅读相联结，让学生在对作品深度阅读中累积英语知识。在学生完成一部英语课外阅读作品后，教师要鼓励学生在课堂上分享自己的阅读感悟和体会，从而使学生获得阅读成就感，有效深化对作品的理解。通过课外与课内知识的有效联结，学生的视野得到开阔，英语思维得到发展，英语运用能力得到提高，英语深度学习得以实现。

第三节 初中英语课堂教学模式

英语是初中教学中的一门重要学科。初中英语教学模式直接影响着学生学习英语的兴趣和学习效率。然而，传统英语课堂教学模式过于形式化，很多初中英语教师只根据教材进行单一的灌输式英语教学模式，没有把学生放在教学的主体地位。教学方法单一，学生容易产生厌烦和抵触情绪。随着新课程改革的实施，对初中英语教学方法也提出了新的要求，因此在教学中要创新英语课堂教学模式。

一、体验式教学模式

在新课改不断深入的情况下，为了可以帮助学生在初中阶段建立综合运用语言的能力，教师在英语教学中开始更加关注课堂中学生的主体地位，研究教学内容，帮助学生可以获得更好的体验式学习经历。如果能够有效利用体验式教学模式，那就可以扩展初中英语的教学方式，进而落实英语教学的效果。根据新课标的规定，英语教师应该在教学的过程中帮助学生增强兴趣，培养学习策略，使他们具有扎实的基础知识和英语学习技能，了解文化差异。

（一）运用体验式教学模式的意义

在不同情景的英语课体验过程中，学生可以清晰发现自己的优势和短处，针对优势继续保持，继续努力，面对不足努力克服困难。传统英语的教学方法，无论是从学习效率还是学习质量方面都不尽如人意，体验式教学模式这种方法较为满足新课改的要求。在初中英语教学中，体验式教学模式被广泛运用，不但可以提高初中英语的教学效率，还可以提升学生听、说、读、写等几个方面的能力。体验式学习的推进，也可以引导学生之间互相帮助和进步。体验式教学模式需要教师进一步探究如何结合初中英语的教学现状，不断优化教学方法，更好地掌握并应用这种方法。

（二）体验式教学模式具体应用

1.分析学生学习兴趣

因为每个学生各方面都有差别，在学习英语方面也存在着不同的兴趣。在这种情况下，教师需要尽快在课堂中运用体验式教学模式。首先需要分析不同学生的具体情况，分析他们的学习兴趣点，从而定制出不同的英语场景，设计形式不同的备课方案，提高学生的学习效果，使他们对英语学习更有信心。在此过程中，教师还需要了解学生存在哪些不足，从而在这个基础上迅速调整方案。这样的体验学习模式情况下，不仅可以帮助学生找回并提高学习自信心，还能培养学生英语学习的能力，诸如听、说、读、写能力，感知能力等。

2. 合理制定体验教学方案

定制体验教学方案,不但可以激发学习兴趣,还能在一定程度上帮助他们找到适合自己的学习方法。定制体验式学习方案英语教师需要充分分析每一个学生的英语基础,从而制定不同的方案。教育与种植花草树木是一样的,园丁需要先认识花草树木有什么特点,再根据不同的情况进行区分,在此基础上施肥、浇水,这和教育的过程是一样的,即所谓的"因材施教"。教师如果想要达到预期的效果,就需要区分不同学生的特点,从而对症下药,正确施教。在体验式教学实践的过程中,教师要充分思考如何进行因材施教,要在了解学生的学习心理和接受能力的基础上进行。教师可以先根据课堂表现及成绩将全班学生合理划分为三类:A类、B类和C类。在制定体验式学习方案时,需要着重带领C类学生做较为基础的训练,快速帮助他们重拾或提高学习信心;由于B类的学生一般已经可以使用比较基本的英语技能,教师需要引导他们在日常学习和生活中灵活使用英语;在为A类学生制定方案时,教师可以根据他们扎实的英语基础进行体验式教学,在训练英语技能使用能力的基础上,还需要结合英语和实际生活,帮助他们在日常生活中可以灵活使用英语。如此一来,不同方案的定制化体验式学习,可以在活跃氛围的基础上提高学生的英语能力。

3. 打造轻松自由的英语教学环境

在进行体验式英语教学时,如果有部分学生在学习英语时表现出个性鲜明、风格独特等特点时,教师应该宽容对待,最大可能地为学生营造出氛围轻松、自由的学校环境。在这样的课堂氛围之下,学生之间可以更直接地使用英语进行互动,交换各自的意见,也可以在小组讨论之后,由学生自主进行 role play 等教学活动。这样学生才能够真正变成课堂的主角,使他们在英语能力的培养、英语口语的锻炼中迸发出更大的潜能。

4. 将体验式英语课堂与实践结合

新课改要求英语教学要贴近学生的生活经历和体验。这正体现了陶行知的教学理念之——生活即教育。英语教师在体验式英语教学的过程中,要创设立足于日常生活的情境。在教学实用性较强的词语时,教师可以引导学生在生活中寻找这些事物,并用英语将自己的意思表达出来。除此之外,教师需要教会学生如何在生活中发现、感知和记录英语。不单单局限在课本当中,教师还需要促使学生走到实际生活中,注重把课堂上学到的日常用语、新单词等切实地落实在实践当中,真正发挥在不同情境下英语体验课的作用。

5. 融入现代化教学技术

传统课堂的容量较小，形式单调，不适应时代发展，不利于培养开拓性人才，面对此类情况时，教师可以借助多媒体视频、PPT 等现代化教学方式，使用图片、影视片段等内容帮助学生参与到体验式教学中来。现代化的多媒体教学工具具有图文并茂的特点，在教学过程中，学生可以通过屏幕感受文章描述的画面，可以解决传统教学方式带来的弊端，增强学生对学习的兴趣，让课堂更加丰富有趣。此外，现代化多媒体工具可以将网络上海量的信息作为教学的补充，丰富学生的见识，扩展知识面，这些都会对丰富体验式教学起到很大的作用。教师可以将新单词或是英语文章中某一句较为抽象的语句，借助微课视频，为学生设置一些具体的体验式情景，帮助他们进一步理解，推动体验式教学的发展。需要注意的是，教师在制作微课视频时要保持逻辑清晰，进行合理分析，只有这样才可以真正达到体验式教学模式的作用。

二、"兵教兵"教学模式

为促进学生高效学习英语知识，教师在为学生讲授英语知识时就需要融入创新的理念，并要结合学生素质培养需要进行创新教学，通过改变学生在课堂被动学习的处境，可以提高学生学习的效果。同时，改变英语课堂教学活动中传统单一化的教学形式，将"兵教兵"模式与英语教学活动相结合，调动学生参与学习的动力，保障教学工作高效推进。所谓的"兵教兵"，就是学生教学生，让学习能力强的学生发挥自身学习优势，引导其他学生高效学习英语知识，共同发展进步，这是提升学生英语知识学习质量的重要保障。

（一）"兵教兵"教学模式分析

过去老旧的英语教学模式已经很难满足现在学生的学习需求，为有效提升英语教学质量，教师在实践中就要以学生为中心开展教学活动。将"兵教兵"模式融入英语教学活动中，这对促进学生学习能力的提升有重要保障。"兵教兵"教学模式主要是让学生主动学习，教师设计相关学习内容，让学习能力强的学生带领大家共同学习，促进学生主动积极参与，引导学生正确自主学习，从而才能提升学生学习能力。"兵教兵"是和素质教育要求相适应的教学模式，旨在引导学生形成创新的学习观念，通过学生当"小老师"，带领其他学生共同探究学习，成绩好的学生带领成绩差的学生，形成良好的互动学习探究氛围，这对提升学生英语知识学习质量有积极作用。

（二）"兵教兵"教学模式应用

通过"兵教兵"模式，可以活跃上课气氛，增强学生学习的积极性，教师将"兵教兵"模式与英语课程教学相结合，改变传统教师为主的教学现状，就能提高英语课程教学质量。

1. 预习环节科学指导

教师在学生学习英语知识时要有明确的要求以及学习的方向，及时转变教学理念，突出学生为本理念的价值，让学生成为课堂学习的主人。教师需要精心设计好每节课的学案，帮助学生提前了解学习任务，让学生有目的地去学习。在课堂中教师要以学生为中心，将新教学模式与之相结合，促进学生主动探究学习，如此才能有助于提高课程教学质量。将"兵教兵"模式应用在英语教学中比较关键，初中阶段的学生先前已经积累了一定的英语基础知识，也有相应的自学能力，自学是学生在未来英语知识学习中的必备能力，学生自身只有掌握了这一能力，才能在后续英语知识学习方面发挥主观能动性。通过将"兵教兵"教学模式融入英语教学中，结合预习教学的需要，教师进行优化设计，让学生能在预习中形成主动自主学习的意识，这对学生后续高效学习英语知识能发挥积极作用。预习指导中融入"兵教兵"模式，教师要提前对学生的学习能力有充分的认识了解，选择合适的学生作为"小老师"，为这一"小兵"传授教学的方法技能，引导其他学生预习相应的英语知识，让学困生自己选择关系好以及愿意信任的学习成绩好的学生，进行自由化组队，两人要签订互助的协议，课下预习按照学案预习指导内容，先自主预习，接着让"小兵"检查预习的情况，这能为后续英语知识学习打下坚实基础。例如，英语课堂教学中教师为促进学生高效发展，就需要加强重视以学生为主体，改变课堂教学的方式，发挥学生在英语学习中的主动性。通过"兵教兵"教学模式，教师结合具体的英语单元知识设计学习方案。

2. 课堂训练中有效实践

为有效提升学生英语知识学习质量，教师就要以学生为中心，抓住课堂训练这一关键环节，将"兵教兵"教学模式和英语课堂教学紧密结合，促进学生高效学习。"兵教兵"教学模式是通过小组合作的方式，一般每组4—6人为宜，通过小组间的合作就能将能力强的学生的优势发挥出来，帮助小组中学习能力薄弱的成员，这样才能起到辅助的作用，达到"兵教兵"的教学效果。"兵教兵"教学模式通过小组合作帮助学生巩固英语知识，促进学生讨论英语知识，在课堂中通过习题训练的方式巩固英语知识，这对提升英语教学质量有着积极意义。

3. 课下巩固中实践

为了提高学生主动自觉学习能力，教师需要引用创新的教学模式。课下的语言知识复习是提高学生学习语言能力的重要途径，教师采用老旧的满堂灌或填鸭式教学已经无法调动、激发学生英语知识学习的主动性，所以在实践教学中就要激发学生在英语知识学习中的动力，让学生成为课堂的主体，通过"小兵"带"小兵"的方式，建立彼此间的联系，保持互动，有助于提升学生英语知识学习的质量。通过合理化运用"兵教兵"教学模式，让能力强的学生纠正学习能力薄弱的学生的错误，发挥"小老师"的作用，带领"小兵"解决问题，纠正错误，这对提升学困生英语知识学习能力有着促进作用，能让学生在英语知识学习中充满乐趣，最大程度提升学习能力水平。

（三）"兵教兵"教学模式应用评价

为最大程度上促进学生高效学习英语知识，教师在实践中就要以学生为中心，优化课堂教学的过程，突出学生学习的主体地位，最大化实现教学目标。合作学习中针对学生的有效评价，有助于促进学生间相互了解认识，在小组考核加分评价过程中，教师分层教学，分层设定学习目标，对学生进行培优辅差，针对不同学生的学习能力展开评定，保障评价发挥积极作用，激励全部学生积极参与到新的英语知识学习中，从而有助于英语教学活动的顺利开展。

三、互动探究式教学模式

互动式课堂教学模式主要强调学生在课堂的主体位置，在英语课堂上，教师采用互动式教学，为学生构建生动的课堂氛围，通过科学的引导，让学生围绕英语知识和问题进行交流和探讨，同时可以激发学生的思维，提升学生的学习能力。而要真正发挥互动模式的价值，还需要教师根据教学的要求以及学生的实际情况，提高教学设计的科学性，利用有效评价活动培育和谐师生关系。

互动教学法是让学生在学习中主动学习探究，主动学习自主合作，旨在让学生在学习过程中，为了顺利完成共同的一项学习任务，自主参与实践、探究、合作交流的三个阶段，有明确集体责任感和工作分工，也是一种互助性学生合作交流学习。它特别强调的是学生学习的一种主体性、亲历性、参与性与合作性。在学生实践交流学习以及实践交流活动中，可以充分发挥每个学生的优势，让学生能够更加积极、主动参与责任，学生能够对互动教学模式进行充分的理解，并成为课堂交流与沟通的主人，学生之间对各种问题的交流、验证、争论等，对于学生的英语水平提升有极大的帮助。在互动课堂中，特别是在新课程教学改革的大背景下，英语教师需要不断创新自身的角色，从之前的课堂主导者，转变为课堂引导者，引导学生仔细认真探究研读现有英语课程教材，巧妙运用设疑解疑，培养初中生积极、自主进行各种具有探索性质的互动学习能力，这对不断创新拓宽培养初中生的学习基础知识的思维和新视野，启迪培养初中生的各种创新意识等可以起到一定的推动作用。互动课堂教学模式主要是由英语教师利用已有的英语专业知识和课堂教学实践经验，新颖而独特地提出课堂教学问题，让学生解决教学问题，教师提出新课堂教学实践概念、新课堂教学实践思想、新课堂教学理论解释、新课堂教学实践理论、新课堂教学实践规律、新课堂教学方法等，培养学生的英语综合能力。

第三章 初中英语课堂创新教学

在初中英语教学中，除了英语知识的教学之外，更需要重视锻炼和提升学生的语言能力，培养学生的英语思维。但是在传统的教学模式中，部分教师并没有真正认识到教学创新的重要性，所以在开展英语教学的时候，教学理念和教学方式都比较单一，教学质量也会受到很大的影响。因此，为了更好地保证课堂教学质量，教师还需要提高对教学的重视度，引入更多新型的教学理念和教学方式，更好地开展多样化教学，保证教学质量。本章主要介绍初中英语课堂创新教学，详细论述了初中英语开放式教学、初中英语情感教学、初中英语话题式教学和初中英语情境教学四方面内容。

第一节 初中英语开放式教学

英语学科在教学中一直占有重要的地位，教师也不断探索提高学生英语水平的路径，但是在应试大环境的影响下，以往在教学中过于注重对单词、语法等知识的学习，忽略了学生英语的应用能力，随着经济全球化的不断深入，英语学科的应用越来越广泛，对学生的英语应用能力提出更高的要求，在开放性思维的指导下，英语教学模式发生了极大的变革。

一、初中英语开放式教学的重要性

随着我国现代化教育体制改革的不断深化，想要优化初中英语教学模式，提升学生语言表达能力与开放性思维能力，就需要立足学生学习特点创设英语教学环境。初中作为小学与高中的衔接点，是为英语学习打下坚实基础的关键阶段。因此，初中阶段的英语教学非常重要。初中英语教学不同于小学英语教学具有趣味性，初中英语教学更多的是侧重于帮助学生掌握英语知识以提高教学效率，因此初中英语教学承担着更多的教学责任。初中英语教学目标是让学生掌握基本的听、说、读、写能力，帮助学生提高英语交际能力，了解外语文化和风俗习惯，传统的教学方法不利于提高学生的学习主动性和自主性，缺乏开放性思维的运用，无法激发学生的学习兴趣，不能让学生从根本上喜欢上英语。因此，开放性思维作为教学改革与创新的有效途径，能有效地帮助学生主动融入课堂，提高学习积极性，更好地感受英语的魅力。此外，教师在课堂教学中还应注意加强师生之间的沟通，从而提高教学质量和学习效率。

二、初中英语开放式教学的优势

我国当前的初中英语教学中仍然存在着诸多制约因素，使得英语教学改革无法取得突破，主要表现为以死记硬背语法、单词、句子为主的传统应试教学方法，不能激发学生的学习积极性；教学内容单一僵化，教师不能利用多媒体技术拓展学生的学习视野，教学质量得不到有效提高；教学气氛沉闷，学生的学习积极性不高，害怕学习初中英语，教学效率无法提高。在初中英语教学中，教师可以充分拓展初中生的英语学习视野，通过初中英语开放性思维能力的培养，使学生充分了解外国的日常生活和文化风俗，提高学生的英语素养，同时也提高学生对各种事物的见解。

首先，在与其他学生学习和交流初中英语的过程中，学生可以重新思考自己的社会价值观和对未来生活的规划，确定一个更加完美的生活和学习的价值观。其次，充分培养学生的开放性思维，可以在一定程度上改变我国传统的应试教育模式，理顺考试的主要目的，帮助初中英语教师在对学生进行英语学习评价的过程中，确定其创新理念的得分方向和英语素质水平。学生在培养自己开放性思维的过程中，还可以在英语学习中学习外国先进文化和外国科学创新思想，在英语交际过程中提高学习的积极性。

三、初中英语开放式教学改革探索

（一）开放性的教学目标

以往的英语教学，以培养学生的语言技能为主要的教学目标，更多地关注学生对单词、语法等基础知识的掌握情况，虽然也考查学生的听、说、读、写能力，但总体来说，考查的内容也是关于语言知识，对学生的思维能力、情感态度、价值观缺少相应的塑造和考查。教学改革以来，社会需要的不再是单纯的知识技能型人才，对人才的综合素质提出了更高的要求，学校在对人才进行培养时，培养目标也相应地发生了改变。对英语学科来说，以培养学生的核心素养能力为主，学科核心素养中包含学生的思维发展、能力发展、语言基础、价值观引领、道德情感塑造等多个方面，人才的标准更加开放。这就要求教师在进行教学设计时包含三个维度的目标：最基础的知识技能目标，主要是单词、语法等知识技能，语感、语言意识等；拓展的思维能力目标，主要是培养学生的英语学科思维，如思辨能力、逻辑表达能力、英语交际能力、阅读理解能力等；延伸的情感态度、价值观目标，主要是培养学生的英语兴趣、文化意识、思想道德、价值观等。通过开放性的教学目标，培养出更加多元化的人才，以适应社会的多元化人才需求。

（二）开放性的教学氛围

在初中英语教学过程中，教师应充分体现初中英语课堂气氛的开放性和趣味性。首先，在布置课堂任务时，教师可以通过完成游戏或讨论等方式，让学生自由发挥。轻松愉快的课堂气氛可以有效地提高课堂教学效率，激发学生的自主学习和思考能力。让学生不再对教师或学习产生恐惧和抵触，拉近师生之间的距离。其次，教师要充分利用课堂时间与学生建立友好关系，引导学生主动地向教师讲述自己在英语学习中遇到的困难，促进师生和谐，帮助学生正确应对学习中的挫折，减少英语学习中的挫折感，激发学生的积极性和主动性，从而提高英语教学质量。例如，在初中英语教学"Teenagers should be allowed to choose their own clothes"一文中，教师可以通过"choose clothes"来让大家发表自己的选择和想法，就时尚和潮流为话题组织学生展开讨论，引导学生树立正确的消费观和审美观，在情感态度和价值观方面呼吁学生在未来的服装选择上不要盲目追求潮流。并结合英语单词和句子，激发学生的学习兴趣和发散思维，鼓励学生勇于表达自己的观点和想法。

（三）开放性的教学内容

对于初中英语教学来说，教师首先要掌握教材，培养学生的开放性思维。因为初中英语教材的内容是固定的，所以教师需要在掌握教材内容的基础上进行创新，不能仅仅依靠教材的内容来讲解，还应该注重教学的趣味性，将教学内容与实际生活相结合，为学生创造良好的英语交际环境。在教学过程中，教师要以学生为主体开展教学活动，创新教学方法，加强师生互动，使教师不再是教学的领导者，而是指导者。同时，教师还可以利用课余时间开展与英语相关的集体活动，提高学生的参与意识,让学生提高思维能力,帮助学生更好地掌握英语。

随着信息技术的广泛应用,以及互联网的普及,使信息的获取更加便利,教师和学生可以利用互联网等多种渠道,获取更多的学习资源,不必再局限于教材的内容,教师在教学中可以以教材为基础,把相关的内容整理出来,对教学进行延伸和拓展,使学生不但可以掌握相关的语言知识,还可以了解更多相关的文化,中西文化的对比,与现实生活的关联等,这样就使学生更加立体地了解语言文化的相关背景知识、相关文化内涵,使课堂教学的容量更大,拓宽学生的视野,丰富学生的见闻,增强学生的知识储备,提升学生的文学素养,锻炼学生的思辨能力,树立正确的三观。

(四)开放性的教学形式

在教学形式上更加开放,坚持以生为本的教学理念,使学生成为课堂学习的主体,围绕学生的学习需求来设计教学活动,更多地关注学生的学习视角和学习体验,注意激发学生的学习兴趣,利用多种形式的教学方法,提高课堂教学的实效性。还充分利用信息技术实现了多媒体教学、微课教学、线上线下结合教学等,使课堂教学形式多样、丰富多彩,使学生充分参与到课堂教学中,给学生更加深刻的学习体验。

第一,教学情境化。在课堂教学中,普遍存在学生的学习能力和基础知识的掌握能力发展不平衡的情况。因此,教师需要充分考虑学生学习的差异,进行个性化教学。在初中英语教学过程中,实施英语情境教学是最明显的个性化教学模式之一。具体来说,就是英语教师可以利用英语教材中所描述的情境,为初中生创造生动的视觉形象,并添加自己的英语语言形象,再加上英语音乐艺术,再现初中生的教材情境。初中英语情境教学能使初中生有效地与英语文章进行联想,在英语文章中发挥情感想象力,培养学生对文章的实际感受,进而提高对文章的理解能力。在初中英语教学过程中,初中英语教师可以根据不同英语学习水平的学生创设不同的情境英语教学环境,在一定程度上激发了初中学生的英语学习兴趣,进而提高初中英语教学的效率和质量。比如,初中英语教师在学习与"birthday"相关的英语词汇话题时,教师可以让学生提前收集所有同学的生日,临近同学生日时可以通过为学生唱生日快乐歌来提高初中生学习英语的兴趣。通过与歌曲的结合,营造一个愉快有趣的英语课堂环境,让学生在放松中加深对这部分英语句子的理解和记忆,并掌握这一学习方法,加强学生的合作,提高他们在英语课堂上的开放性思维。

第二，教学生活化。在初中英语教学中渗透生活化教学，可以使英语更贴近学生的生活，有效地提高学生的英语学习实践能力。对于初中生来说，在日常生活中除了在学校学习外，其他大部分时间都在家里度过，假期时间也由学生自己安排。对于当前的学生来说随着时代的发展，学生的兴趣也在逐渐发生变化。在信息时代，学生们对互联网更感兴趣。初中年龄阶段的学生，对未知事物充满了好奇，因此，教师在教学中不仅要关注学生的表现要求，而且要使英语教学生活化，创设生活化的情境。比如，在谈论电子产品时，教师可以拿出手机给学生举例，让学生拿出自己的电子产品，并向学生讲解这些电子产品的英文单词，以此来活跃课堂气氛，激发学生对新知识的兴趣。开放式思维教学模式可以将现实生活与初中英语教学相结合，拓展英语教学空间，丰富学生的想象力，促进学生思维发展，使学生对英语学习产生浓厚的兴趣。运用开放式思维教学模式拓展教学空间，可以将英语教学与现实生活紧密联系起来，为学生创造更多的语言环境，加深学生对英语词汇的印象，使其更直观、更具体，进而提高学生英语学习的活力。

第三，教学互动化。在初中英语学习过程中，教师可以组织学生进行互动式英语教学，突出学生的主体地位，教师在课堂上为学生开展英语学习辅助工作，引导学生自主学习，敢于表现自己。在初中英语课堂上，创设良好的英语交际环境，让学生用英语进行交流，在提问的过程中初中英语教师也可以利用自己的英语词汇进行交流。因此，初中英语教师应该在英语教学过程中与初中生实现口语互动对话，能够在整个英语课堂上展示自己的英语对话模式，实现初中生主动说英语的形式，提高初中英语课堂的开放性思维，提高课堂效率。例如，在初中英语教师引导学生进行英语教学的过程中，采用英语口语对话的方式进行互动。初中英语教师向学生提问时用英语，学生回答时也用英语。也许在某些课堂上使用这种开放式教学模式的师生效率会很低，学生因为害怕说错英语而不敢开口尝试，但经过长期的练习，初中生的英语口语能力会稳步提高，并能形成良好的英语口语会话习惯。这种开放思维的对话模式不仅可以提高初中生的英语口语能力，还可以帮助他们在说英语的过程中充分理解英语文章的主要内容，从而实现高效、优质的英语课堂教学。

第四，教学评价的开放性。无论在哪个科目的教学中，普遍采用试卷评价来检验学习结果。英语教学也不例外。试卷评价偏重于对学习结果的评价，不能充分反映学生的学习过程和表现，使得基础好和原本对英语学习就有兴趣的同学在试卷评价方面没有太大优势，有失教学公平，无法激发学生的学习动力。这种单一的纸面教学评价不能使开放性思维教学得到充分体现。首先，教师在英语学习评价时应以鼓励为主。对学生的学习成绩加以肯定，并给予适当的鼓励，减少英语学习的挫败感，激发学生学习英语的兴趣和动力。开展多主体的多元化评价方式，充分体现评价的开放性。其次，学生的学习发展具有独特性和差异性。教师在评价学生时，可以根据学生的特点和能力进行客观评价，尊重学生的个性发展，增强学生学习英语的信心。开放性思维在教学评价中的运用，不仅可以活跃课堂气氛，增加师生互动，还进一步提高了学生思维的发散性和开放性，使英语整体教学向高质量、高效率方面发展。

综上所述，初中英语是学生学习英语的重要阶段，是初中生充分掌握英语学习、培养英语人文素质的有效途径。对于初中英语教学来说，教学方法改革非常重要，初中英语开放式教学模式的运用对培养学生学习兴趣与英语素质有着重要作用，可以有效提高学生对初中英语的开放性思维、培养学生的发散思维，让初中英语的学习不再被动化和单一化。教师可以在初中英语教学中，加大对开放思维的培养，融入教学过程中，营造更加轻松愉快的初中英语课堂氛围，将英语教学的目的从提高学生成绩转变为提高英语交际能力，为国家培养更多的优秀人才。

第二节　初中英语情感教学

在新课程背景下，情感教育受到更加广泛的重视，成为教育教学的重要部分。通过情感教育能够启发学生的思维，使其树立正确的学习观念和人生观念，养成正确的学习习惯。《初中英语新课程标准》明确提出：英语教学要体现语言学习对学生发展的价值，做到人文性与工具性并重，力求使每个学生都有所收获。所以，初中英语教师要不断学习新的教学理念，做到"以情感人，以理服人"，拉近师生之间的距离，构建和谐的师生关系，发展学生的核心素养，提升英语教学效果。

一、初中英语情感教学的现状

（一）重知识传授，轻情感信息交流

受传统教育观念的影响，在英语教学中，部分教师因循守旧，仍把英语成绩的提高作为英语教学的主要目标。为了提高学生的英语成绩，在课堂教学中经常

采用"满堂灌"的教学方法，一味地向学生传授英语知识，把大部分的课堂时间都用在了单词、句型的讲解和课文的翻译上，学生开口说英语的时间少之又少。而且英语教师与学生的情感交流时间也被缩减，不能够及时关注学生的情感变化，让很多学生找不到学习英语的动力。有些初中英语教师没有认识到情感教学的重要作用，学生在英语课堂上学到的都是"死知识"，很难感受到英语知识背后所蕴含的更深层次的情感价值，降低了学生的英语学习兴趣。

（二）学生缺乏安全感，课堂参与程度低

英语的表达方式和方法与汉语有很多不同之处，学生学习英语缺乏母语环境，所以会出现各种各样的阻力，影响初中英语课堂教学效果。有些学生心理比较脆弱，抗挫能力较差，在英语课堂上不愿发言，害怕出错，认为出错会受到他人的嘲笑，具有沉重的心理包袱。这也导致这部分学生很少参与英语的课堂教学活动，只是作为一个旁观者，默默地看着其他学生发言，使得英语课堂气氛沉闷。有些初中英语教师在教学中过分严厉，这也增加了学生的心理负担，使学生产生焦虑不安的情绪，师生之间出现隔阂，影响学生课堂参与的积极性。另外，还有些初中英语教师在课堂教学中缺乏与学生的交流和沟通，教师对学生的性格、兴趣爱好、学习情况等缺乏了解，很难构建起轻松、和谐的课堂氛围，不利于情感教育的实施。

二、初中英语情感教学的原则

（一）体现主体性

在新课程标准的要求下，教师在进行教学活动的时候，必须要把学生当作课堂当中的主体，在交流情感的过程当中，当然也要体现以学生为主体的原则。体验情感的主体在于学生，所以在情感交流的活动当中，教师必须要遵守学生身心发展的特征，并且适应初中生的心理特征。教师若是在教学活动当中，运用自身的情感要素，那么在情感要素对学生产生感染价值的时候，初中英语课堂的整体教学质量就会有一定的提升。

（二）遵守平等性

在初中英语情感教学的过程当中，教师最需要遵守的原则就在于平等性原则。在传统的教学过程当中，教师和学生之间的关系，总以教师为主，似乎教师高人

一等，且能够在任何条件下，对学生"颐指气使"，学生无法在课堂当中，直接地说明自己的想法。于是，就导致学生的创造性意识无法上升，即便有了想要说明的内容，也不敢在课堂当中发声。情感教学促使教师必须和学生站在同一个角度，思考学生的想法，感受学生的愉悦，体会学生的忧愁。近距离地碰触学生，才能够更好地了解学生的热情和兴趣，并确切地了解那些影响学生学习情况的具体事物，进而针对问题，对自己的教学方式进行调整，以此来推动学生的英语学习能力。

（三）突出创新性

在初中英语的情感教学当中，教师如果只拥有一定的工作热情和专业化的英语素养，那么教师就无法在长时间的教学过程中，集中学生的学习注意力。只有当教师具有创新思维的时候，教师才会持续地跟随时代的发展，改变自身的教学形式，采取多元化的教学手段。而教师在课堂当中运用这些模式，除了能够激发学生的学习兴趣以外，还能够提高学生的英语综合素养。

（四）彰显激励性

初中英语教师若是在课堂当中激起了学生的正面情感，那么教学的质量以及效率就会得到一定程度的推进。所以说，在初中英语情感教学的过程当中，教师需要设定一些符合学生年龄特点的方法，激起学生的正面情感，比如竞争之后所获取的成就感，获取胜利之后的自信感等等。而引发学生正面情感的条件就在于教师对于学生的激励。教师需要从不同层面出发，激励学生，无论学生的成绩如何，教师都应该尽心尽力地发掘一些学生自己都可能不了解的闪光点，并借此强化学生的自信息，提高学生的正面情感。

三、初中英语情感教学的应用途径

（一）营造轻松和谐的情感氛围

学生对外界新鲜的事物具有强烈的好奇心和求知欲，如果英语教学过于模式化和机械化，很容易诱发学生的厌学情绪，影响学习质量。所以，初中英语教师要勇于创新，多给学生创造课堂发言的机会，让学生在英语课堂上掌握发言权和主动权，营造轻松和谐的情感氛围，让学生获得积极的情感体验，锻炼学生的英语综合能力。在具体教学实践中，初中英语教师要采用贴合学生生活实际的教学方式，优化课堂教学形式，把英语知识用学生喜闻乐见的方式呈现出来，并在教学中融入一些学生感兴趣的内容，带给学生愉快的学习体验，提升语言学习效果。初中英语教师可以在适当的时机运用游戏教学法，将枯燥的英语学习变得生动有趣，让学生在游戏中学英语、讲英语，提高英语学习效率。学生一边做游戏，一边学英语，真正实现了寓教于乐，对英语的认知更深刻。英语是交流沟通的工具，初中英语教学必须重视发展学生的语言技能，对教学内容进行合理编排，通过丰富的肢体语言和对话交流，提升学生的英语表达和运用能力，同时也为学生提供了展示自我的舞台，充实了学生的情感，增强了学生的学习自信。

（二）激发学生的学习热情

初中英语教师在选择课题的时候，需要结合学生的生活经历，或者设置对应的活动场景，并以此来调动学生对学习内容的热情，进而形成对应的学习目标。学生能够在兴趣的引导下，对学习内容进行深入性的探究。为了调动学生的学习热情，激发学生学习英语知识的兴趣，教师就需要运用比较新颖教学方式，把英语内容生动地讲述出来。比如创设问题情境、角色扮演、多媒体技术、联系现实生活等。学生能够在趣味性的课堂氛围中，加深自身的英语能力。除此之外，教师还可以结合不同形式的语言实践活动，增加英语课堂的趣味性，比如英语歌唱大赛、英语辩论会、英语角、口语化角色演绎大赛等。这些都能够吸引学生的注意力，使学生在这样的课堂当中，增强自身的情感体验，提升学生的学习效率。

（三）构建平等融洽的师生关系

"教育没有了情爱，就成了无水之池"，教师和学生是课堂教学活动必不可少的两大因素，平等融洽的师生关系是打开学生心灵的钥匙，也是课堂教学高效运转的前提。在日常教学中，初中英语教师要转变教师一人独大的课堂局面，放下高高在上的严师姿态，从讲台上走下来，走到学生中间，多和学生进行思想交流，了解学生对英语知识的需求，帮助学生突破英语学习的重难点，并教会学生一些日常生活中常用的英语表达方式，促进学生英语交际能力的提升。同时，初中英语教师可以和学生一起学习西方国家的日常礼仪，在课堂上进行演示，如此，既丰富了学生的知识储备，又增进了师生关系，使英语课堂充满欢声笑语。在课后，初中英语教师也要多和学生交流，走进学生的内心，倾听学生的心声，增进师生之间的了解，及时解决学生在生活、学习中存在的困难和疑惑，让学生对教师产生信任感，进而产生英语学习的动力，以积极健康的情感态度主动融入英语学习中。初中英语教师还要充分利用英语实践活动来拉近与学生的关系，体现语言学习的实践性和应用性，发展学生的自主学习能力。

（四）教材内容情感模块教学

随着教育改革在初中英语课堂当中的逐步深入，初中英语的教材也产生了很大的变革，这种变革，为课堂上的情感交流奠定了坚实的基础。英语的课堂活动通常情况下，都是在一个特定的场景当中，所进行的一种语言实践性活动，情境若具有真实性，学生的兴趣和探究欲就会被激发，进而基于探究欲对语言类的知识进行追求和把握。所以，在英语课堂的教学过程中，教师就需要对教材内容进行研究，并借助新颖的教学方式，比如对生活情境的创设，借此来开展和情感相关的课堂模块。以初中英语"What did you do last weekend？"为例，教师在讲述这一单元的时候，就可以对这一单元的具体内容进行研究，并借助生活情境的创设，开展情感模块。教师可以结合教材，提出"周末"的生活情境，让学生对周末的行程进行回忆，并结合新的英语词汇，比如"soccer、homework、beach、swim"等词汇，说明自己上个周末的行程。进而开展一个关于"假期"的情感模块，让学生对自己的行程内容进行评价，并说明自己的情感体验。

（五）满足学生差异化情感需求

由于学生的英语基础、学习能力、接受能力各不相同，在英语学习上的情感需求也不同，这给英语教学带来了一定的困难。针对这一实际问题，初中英语教师在设计课堂教学活动时要综合考虑学生的个体差异，设计多样化和开放性的教学形式，满足学生差异化的情感需求。学生正值青春期，在看待事物和问题上想法千差万别，有的学生比较偏激，认为英语难学，会产生自暴自弃的想法，英语学习的情感体验极差。对这些学生如果不及时进行情感教育，只会使他们离英语学习越来越远。因此，初中英语教师要在平时多关心和关注这部分学生，让学生感受到教师的温暖，唤起学生心中的求知欲，形成良好的品格和正确的价值观，为终身学习奠定基础。而对英语知识需求较多的优等生，英语教师应给他们提供拓展拔高类资源，让他们在学习中形成创新意识，发展科学精神，提高英语素质。同时，初中英语教师在教学过程中要合理利用分层教学法，优化课堂提问和作业练习设计，为学生设计个性化的英语练习，让学生在英语课堂上收获成就感和幸福感，增强学生英语学习的自信心，实现学生的共同进步。

(六)依托合作交流,营造学习氛围

学生在对文章的具体内容进行自主探究以后,大多都会进入到课堂小组当中,对教师提出的问题进行探讨和解惑,进而营造出生动的学习氛围,英语教学当中的情境式教学,实践式教学以及当前的目标式教学都无法离开学生的自主性。而学生能够借助合作性的学习方法,体验集体所带给自己的荣誉情感和成就情感。所以,教师在培养学生英语素养的同时,还要培养学生的合作精神,教师可以运用角色扮演的教学形式,使学生在合作的过程中,展示真正的自我。以"What's the matter?"为例,教师在讲述这节课的时候,针对的是学生对于情态动词的用法。教师可以依托多媒体技术和图片资源以及影音资源,开展情感猜测的活动,学生通过这个活动,就能够理解功能句"What's the matter?"明白情态动词的用法。学生能够在这个过程中,增强自身的基础知识认知。除此外,教师还可以结合角色扮演的形式,让学生结合课文当中的内容,进行一个小组合作式的角色扮演,学生能够在扮演角色的过程当中,了解英语的语言运用,感受角色所拥有的思想情感。

(七)课堂教学中实施情感评价

传统教学模式下的英语课堂注重对结果的评价,忽视了学习过程中学生情感、态度、意志品质的评价,这样得出的评价是片面的、不合理的。随着新课改的实施,英语教学强调落实学生的主体地位,课堂评价也从单一的结果评价转变为多元评价,让学生获得学习所需的指导。所以,初中英语教师要对学生的课堂表现给予及时的评价和正面的鼓励,将情感评价贯穿整个英语教学过程中。对于表现好的学生,英语教师要提出表扬,将其树立为学习榜样,使他们获得更大的进步;对于表现一般的学生,英语教师也要给予充分的肯定和鼓励,认可学生的付出,并相信他们通过努力可以有更好的发展;对于表现不好的学生,英语教师要善于发现他们的闪光点,哪怕是点滴的进步也要及时做出肯定,时刻激励他们不断突破自我,不断为他们的英语学习注入动力。初中英语教师在评价语言的使用上要多加揣摩,多运用具有正能量、激励性的语言,激发起学生的上进心,以提高整体教学效率。情感评价的实施,对学生的英语学习具有一定的推动作用,激发了学生的情感潜能,让学生产生持续的英语学习动力。

(八)在课堂之外拓展情感教育

对学生进行情感教育只依靠课堂教学时间是远远不够的,课堂教学之外的情

感教育投入也很重要。为了更好地推进情感教育，初中英语教师要和家长密切联系，对学生有更深入的了解，同时将学生的英语学习情况及时反馈给家长，通过家校沟通深入的了解学生的情感需求，为学生制订个性化的英语学习方案，培养学生学习英语的好习惯。初中英语教师可以通过创办英语角、讲英语故事、组织英语课外阅读等课外活动，增加学生接触英语的机会，增进师生之间的感情，让学生由喜欢英语教师发展到喜欢英语学习。初中英语教师还可以利用课余时间为学生播放英语短片，用生动的画面和丰富的故事情节吸引学生的注意力，带给学生心灵的冲击，让学生产生一种身临其境的感觉，升华学生的学习情感。在课后作业环节，初中英语教师可以为学生布置开放性的作业，鼓励学生利用互联网去搜寻相关的资料，或者到图书馆去查阅相关的书籍，通过自己的努力完成作业，使学生可以涉猎更多的英语知识，丰富和拓展英语学习的渠道，建立起以学生发展为本的英语课程体系。

综上所述，带着积极情感学习的学生学习起来更加轻松，更加快乐，学习效果也更好。所以，初中英语教师在英语教学中要积极探索情感教学的应用策略，创新教学方法和教学手段，丰富学生的情感体验，增进师生间的情感交流，让学生在轻松、自由、和谐的情感氛围下学英语、讲英语、用英语，体会英语学习的快乐，塑造学生健康向上的人格。

第三节　初中英语话题式教学

在初中英语课堂上，教师应当关注教学改革与创新，将话题式教学引入课堂，激活学生的思维，促使学生主动参与到英语知识的学习中，从而顺利完成学习任务。在此过程中，教师应当从教材着手，正确地理解与运用教材，树立以学生为本的思想，帮助学生全面掌握英语知识。随着教育体制的不断完善，初中英语课堂需要拓展教学思路，为了更好地提升学生的学习能力，教师需要对教学方法进行不断优化。在教学中，话题式教学能够突出学生的重要地位，激发学生的学习热情，在运用此种教学模式时，教师应当注意优化现有的教学理念，结合学生的生活经历来丰富话题内容，选择针对性的话题，引导学生在讨论过程中深入理解并运用英语知识，不断挖掘符合学生学习规律的资源，提高学生的综合素养。

话题式教学模式主要是由教师结合教学内容来寻求能够反映教学宗旨，并能引发学生一定兴趣的话题，从而以话题为中心来设计教学的各项行为及活动，由此展开基于话题的讲授、指导及训练的。话题式教学模式下的各项教学行为及活动都与话题密切相关，学生通过活动的参与能积极解读话题的内涵，并拓展自身的认知领域，学生也能高度践行课时教学的各项目标，于话题的解读与探究中获得对课时知识的内化、内容的理解，或自身能力的拓展实践，最终取得较充分的学习收益。这样的教学模式非常符合新时期的初中英语教学需要，能够对传统教学模式加以改进，开辟出更全新的路径来助力学生真实、全面的发展。

一、初中英语话题式教学的作用

为学生提供有效的语言环境。在学习英语的过程中，教师需要为学生提供有效的语言环境，话题式教学能够消解传统教学的弊端，借助话题来激发学生讨论的积极性，增进学生间的相互交流。在交流与沟通的过程中，学生能够逐渐建立学习的自信，在良好的语言环境中，学生的表达能力与语用能力也会不断提高。改善教学效果。在以往的教学中，学生在课堂上总是被动学习，教师单方面将知识传授给学生，而借助话题式教学能够增加师生、生生间的互动交流，在此过程中，学生的积极性与互动性都可得到提升，课堂氛围也会随之改善，如此便可有效改善教学效果。增强语用能力。在话题式教学中，学生需要借助已经掌握的英语知识来表达自己的观点，通过互动交流，教师能够发现学生在运用语言知识的过程中出现的问题。在小组合作交流的过程中，成员间互相督促，进一步强化学生的语用能力。

二、初中英语话题式教学探索

（一）合理分析，确立核心话题

话题式教学模式下，教师需要结合课时的教学内容及目标来发掘最为核心的话题，这样教师才能够以话题为中心，设计出既能反映教学内容宗旨，又能驱动学生对教学目标加以高度执行的各项教学行为及活动。以"We are trying to save the earth."单元的话题式教学为例，教师需要对单元整体的教学内容加以深入研究，从而有效界定教学目标，进而挖掘教学目标之间的共通性来确立最为核心的话题。如在综合考量本单元内容之后，教师能够明确知识、能力与情感类的三大目标为：

1. 知识目标

了解与掌握本课有关环境污染及保护等方面的词汇（fishermen、ugly、

harmful 等）、词组（make a difference、cut off 等）与表达（The method is not only cruel, but also harmful to the environment. 等）。

2. 能力目标

能够在语境中对本单元的各类知识加以主动建构，同时也能应用本单元"进行时态""used to 结构"与"现在完成时态"等语法对环境问题加以真实交际与描述。

3. 情感目标

能够洞察与了解本单元内容所传达出的环境问题，意识到改善环境问题的迫切性，从而树立良好的社会责任感。结合教学内容获悉本单元的各类教学目标之后，教师要考量各目标之间的通性，挖掘能够反映单元整体教学宗旨的核心话题，那么，教师通过本单元各类目标传达出的环境污染及保护等方面的信息，能够确立本单元话题式教学模式所围绕的核心话题为"environmental protection."。以此话题为中心，教师可设计出一些教学行为活动，让学生对此话题的内涵进行深入研究，并积极拓展对此话题的认知范畴。此期间，由于这项话题能够反映出各项教学目标的宗旨，那么学生对话题的研究也会伴随对本单元内容的深入研读、探索与实践。

（二）合理设计话题教学情境

教师可借助英语视频与歌曲来展开教学，如教师可在课前几分钟为学生播放与教学内容相关的视频，同时结合 Free Talk 练习，使学生能够在轻松愉悦的氛围中学习。此外，教师还可将听、说、读、写等要素都融合在教学情境中，结合单元知识设计话题内容，结合学生现有的经验为学生提供有效的语言环境，带领学生在互动交流的过程中巩固与掌握语法知识。通过为学生营造话题情境，能够促使学生以头脑风暴的方式进行交流，同时将话题与生活结合起来。在具体教学中，教师可引导学生自由组队，由此帮助学生拓展视野，为后续的英语学习打下良好的基础，有助于对于话题内容进行深入分析与思考。例如在讨论"When is Rose's birthday？"这一话题时，教师可为学生创设情境，让学生对同桌进行生日采访，可借助教室内的道具来创设真实情境。在整个活动中，教师都需要对学生进行恰当的引导，同时还应当融入知识的讲解，对学生发音不规范等情况进行及时纠正。

（三）结合话题导入教学

明确了教学的核心话题之后，教师便要以话题为中心，对后续课堂教学的各项行为及活动加以优化设计。首先，教师需要关注对整体内容的高效导入，通过导入激活学生的思维意识，促进其对教学内容的初步理解与洞察分析，这有助于其后续学习的高效率展开。此期间，教师需结合核心话题来进行导入，积极链接学生的实际生活常识与经历，让其能从熟悉事物入手做以联想反思，从而获悉学内容的主旨，同时，学生还能借对核心话题的生活化思考，汲取一定的学习热爱与欲望，提高后续学习的表现力与积极性。通过导入，学生在对核心话题的解读中也能获悉本课内容的主旨思想，学生对话题的了解大多是基于教师展现的简短资料信息与自身的生活经历及常识，那么为了进一步拓展对话题的认知面，学生便会更为积极地参与到后续教学流程中，提高学习的专注力与表现力。这便是话题式教学模式下较为良好的导入效果。

（四）整合话题，激发对话兴趣

话题式教学主要以话题为载体，按照学习规律来培养学生的交际能力，帮助学生构建合理的语言结构，因此话题的设计应当与学生的生活相关，如此才能够帮助学生快速进入学习状态。在英语课堂上，教师在借助话题式教学组织教学活动时，应当提前了解学生的生活经验与知识基础，找到教学内容与学生生活经历的结合点，明确教学目标，调整话题内容。充分激发学生参与话题讨论的积极性，为优化教学效果打下良好的基础。如在教学"Welcome to our school"以及"Welcome to Sunshine Town"时，两个单元都是针对"introduction"进行描述的，虽然单元内容的侧重点不同，但可当作互相关联的话题，由此形成话题群。在此种条件下，教师可将话题"My favorite place"当作组织教学活动中的重要线索，带领学生梳理英语知识，进行巩固训练，帮助学生构建合理的知识结构。在课堂上，教师可带领学生针对两个单元的关键句型"How many buildings are there？Do/Does...have..."进行交流，使每位学生都能够围绕话题进行自主交流，使学生在愉悦的氛围中学会重点词汇与句型，并运用这些知识与同伴展开交流，最终有效提高学生的交际能力。通过上述案例可以了解到，想要引导学生主动参与到话题讨论中，就需要教师为学生整合出与生活相关，且与课堂内容密切相关的话题，如此才能够有效激发学生的主动性，有效巩固英语知识，提高学生的综合能力。

（五）确定分组与讨论形式

在运用话题教学法时，最为常见的方式就是小组合作，在课堂上，教师应当结合教学内容与话题的要点来挑选最为科学的分组形式。常用的分组形式包括：均衡型、分层型以及自主型。均衡型是将水平相近的学生分为一个小组，每个小组的人数相等；分层型即按照学生现有的层次来划分，每组包含不同水平的学生，此种分组形式能够帮助学生更好地完成共同目标；自主型分层主要是让学生按照自己的意愿组成小组，此种分组形式更适合学生学习水平相近的班级。在确定分组方式时，教师需要结合班级学生的特性以及学习基础来选择最为恰当的方式，上述分组方式可交替运用，由此帮助学生更好地了解同伴的想法，在不断成长的过程中提高学生的合作能力。

确定分组后，教师就需要选择话题展开的形式，从对话、演讲以及叙述等形式中进行选择，随后设计话题任务，可采用分层次的形式来进行任务设计。如在教学 Films 时，当教师确定并介绍完话题后，就可引导学生自主分组、挑选话题的开展形式，如叙述与对话结合的形式。自主分组能够使爱好相同的学生组成一组，在讨论过程中能够有效激发学生思维的火花，同时在小组讨论中还能够总结出较为全面的电影特点以及电影能够吸引观众的主要原因。在课堂上，教师应当考虑到学生基础的差异，在围绕话题设计任务时不能太过宽泛。在教学中，教师可分层次设计任务：水平较高的学生应自主推荐喜爱的电影以及相关影讯，同时与组内成员一起讨论此类电影的主要特点；水平中等的学生说出自己喜爱的电影以及喜爱的原因；对于水平较低的学生来说，尽量融入话题讨论中，表达出喜爱的电影类型，让组内成员了解即可。

如在学习"Food and lifestyle"时，教师可为学生设计话题，引导学生参照课文中学到的各类食物的营养价值，在组内进行对话，向其他小组介绍"What is a healthy lifestyle."，在编写对话时，教师可引导学生结合下列词汇："keep""health""change""plan""taste"等，随后将话题交流中必须用到的"An apple a day keeps the doctor away"写下来。针对学生在学习中遇到的问题，教师应当鼓励学生在组内互相帮助，解决问题，尽量提高话题内容的丰富性与合理性。随后由组长来分享本组设计的"Healthy life plan"，最终评选出最佳方案。

（六）信息反馈，认真评价

在英语课堂上，话题式教学与以往的教学方法在评价方面存在一定的差异。在以往的教学中，教师更为关注语法以及发音标准等，而话题式教学更为关注学生的表达，尽量使学生勇敢地表达自己。在话题式教学中，对学生的评价不能仅仅用成绩作为标准，还应当关注学生的态度、语言组织能力以及协作能力等。小组合作学习顺利完成后，教师可带领学生挑选一到两名学生进行发言，鼓励学生积极表达，同时对学生的精彩发言进行表扬，对于发言中存在的问题应当委婉指出。

第四节　初中英语情境教学

开展情境教学，能提升学生听、说、读、写的能力，促进其英语学习水平的提高。因此，初中英语教师应该灵活应用情境教学法来活跃课堂，引导学生在情境中理解英语知识，掌握语言应用技巧。

一、情境教学法概念

情境教学法指的是教师通过创设表演情境、问题情境、话题情境等引导学生思考、探究、自学的育人方式，具有参与性及启发性。情境教学法是一种将虚拟、真实事物与教学内容相联系的教学方法，有助于优化课堂教学氛围，提升教学效果，构建优质课堂。情境教学法在初中英语课堂中的运用，能够让学生身临其境地接触英语知识，使其发挥想象力进行思考，积极、主动地参与各类学习活动，不断提高自己的认知水平，实现综合素质的提升。因此，教师要不断为情境教学的实施创造契机。情境教学与传统的英语教学有很大不同，这种教学模式主要借助为学生营造逼真的英语应用场景，使学生能更好地融入英语学习活动中，借助学习来不断提升个人的英语水平。

二、初中英语情境教学的意义

第一，简化、模拟情境，利用与实体相近的形象启发学生思考，带给学生真实感，助其投入情感并获取体验，为学生学习英语知识助力。

第二，利用情境可立足课堂搭建广阔的"心理场"，在此过程中学生能保持专注、积极沟通、大胆实践，突出英语课上学生的主体地位，确保学生能全方位发展。

第三，依托情境教学法增强情、知、意、行的融合性与统一性，为学生知识内化与应用助力，使初中英语教学更为高效。

第四，创设教学情境无疑是构建高效英语课堂的有效手段之一，教师可以从学生的实际生活经验出发，创设趣味性的教学情境，让学生在互动中感受身临其境的学习体验，提高学生的参与度，激发学生对教学内容的探索欲望，进而达到预期的教学效果。

第五，创设情境，实现教学环境的优化，创设情境成为初中英语课堂教学中经常采取的一种教学手段。围绕教学内容与目标，结合初中生的认知水平与身心发展规律，创设科学、合理的教学情境，引领学生融情入境，如创设生活情境，充分与学生的实际生活相联系，把所学知识与生活融合，给学生带来亲切感与代入感，激发学生学习的兴趣和自动学习的积极性，使他们进入这一氛围中，开动脑筋，习得知识。

三、初中英语情境教学应用要点

（一）情境与知识关联性较强

在初中英语课上应用情境教学法，需保障该教法为知识的高效传导服务，这就需要情景与知识能联系紧密，在此基础上供学生体悟与运用，通过意、知、行合一提升英语语法教学水平。例如，教师在进行"What's this in English？"教学时，因为本节课旨在让学生使用此句式结构学会提问，所以可围绕该句子创设情境，鼓励学生在班级环境中互相提问并进行对话练习。需要注意的是，在情境式对话练习的过程中，教师要指引学生学习运用"this""that""these""those"这些指示代词，将远指单复数与近指单复数区别开来，使问题更加清晰，还可根据对话情景分析词汇的用法。以"orange"为例，作为不可数名词，其为橙汁之意；作为可数名词，可翻译为橘子或橙子；作为形容词译为橙色的，继而将情境与词义联系起来，助力学生掌握知识。

（二）情境依据学情创设

初中生对英语知识有所了解，有了基本的读、听、说等能力，这为学生参与情景式的教学活动奠定了基础。因为学生在英语学习中的需求存在差异，所以教师要依托学情创设情境，确保处于各个能力发展阶段的学生均可提升英语素养。例如，教师在进行"What color is it？"教学时，可在黑板上挂出几幅图画，以莫兰迪色、传统色等色系为主，同时将色号与名称对应展示出来，调动学生色彩辨识兴趣并创设问答情境，同时将情景与课文内容区别开来，为学生通过认知迁移创设情境提供条件，确保每个能力层级的学生均可在情景教学活动中积极主动。在此过程中掌握英语知识，专有名词前不加冠词，若表示某类东西则将冠词加在单数名词前面，还可了解"color"的用法，如"给……上色"等，继而通过情景教学培养学生的自学能力、理解能力、语言应用能力等英语素养。

（三）情境有趣、多样

通过对情景教学法的内涵进行分析可知，教师要利用贴近原型的事物启发学生思考，在此基础上开展学习活动，达到知行合一，提高教学质量。基于此，教师需增强情境的有趣性及多样性，吸引学生投入精力去思考探究。例如，教师在进行"My name's Gina"教学时可创设网络交友情境，指引学生将所学内容与微信交友真实情形联系起来，鼓励学生利用英语知识自我介绍并结交新的朋友，其间学习"in China，first/last name，your/her name"等短语的用法，熟记"What's your name？ Nice to meet you"等典型句式，了解并学习运用形容词性物主代词的语法知识，在句中为修饰名词的定语，通常出现在被修饰名词的前面，不可单独使用。为使学生掌握英语知识，教师要引导学生稍加注意，及时纠正错误，在表达、倾听的过程中互相监督，使初中英语情境教学不仅有趣还科学、高效。

四、初中英语情境教学原则

（一）教材为基本原则

因为情境教学法的应用为教学目标的实现而服务，所以教师要根据教材设计情景，助力学生融入情境并学习成长。例如，教师在进行"This is my sister"教学时，可鼓励学生运用"a photo of，have a good day，in my family"等短语创设对话练习情境，在此过程中学会运用"Who's she？""Are those your parents？"等句子提问，亦可掌握回答提问的知识，继而将情境教学与英语语法关联在一起，提高英语语法教学质量。为使情境更加真实且具有感染力与启发性，教师可指引学生把一些家庭照片拿到班级并作为情境创设的素材，为学生英语思维活跃并灵活运用语法知识提供支持。学生在创设情境及自主学习的过程中较为投入，能扎实记忆教材中的基础知识，使初中英语情境教学效果更优。

（二）能力为核心原则

教师组织学生创设情境、自主学习、生生互动的目的是提升其英语素养，助其思维品质、学习能力、人文修养等方面得到进步。为了做到这一点，英语教师要将强化学生的能力视为英语课的情境教学核心。例如，教师在进行"Where's my school？"教学时，可率先组织学生观看一段视频资料，而后根据视频所展示的情境创编对话，其间用到"take to，bring to"及"fetch""carry"等短语与生词，并使学生掌握这些词汇的用法。其中，学生观看视频、提取信息、创编对话的过程就是提升自身语言应用能力、理解能力、创新能力等综合素养的过程，继而落实基于英语课的情境教学目标。

（三）融合为主要原则

在课上教师可通过创设生活情境、问题情境、案例情境、视频情境等展开育人活动，同时情境之间不相互排斥，存在共融、共通的特点，这可增强初中英语课的多变性及综合性，基于此，初中英语课情境教学法应用要注重融合，在知识与情景融合、学情与教法融合、多情景相互融合的基础上提高育人质量。

五、初中英语情境教学的制约因素

（一）教师对情境教学应用力度不足

情境教学模式与传统的英语教学有着本质上的不同，作为教学活动的组织者，教师个人对情境教学的认识，以及在课堂教学过程中的应用力度都会对教学活动的有效性产生深远影响。目前普遍存在着对情境教学应用力度不足的问题，极大地制约了初中英语教学活动的有效性。

（二）教师个人的信息技术水平有限

对学生开展英语情境教学，需要教师为学生营造良好的英语教学情境，而在目前的教学条件下，为学生营造教学情境主要借助多媒体教学来开展，而目前大多数英语教师个人都存在着信息技术水平不足的问题，很难结合英语情境教学的需要来做好课件设计。很多教师在教学过程中，都是直接使用互联网上搜集到的教学素材来为学生营造教学情境。由于缺乏后期加工与制作，很难为学生营造出良好的英语教学情境。

（三）学生没有养成正确的英语学习习惯

英语情境教学活动的开展，对学生个人的英语学习习惯也提出很高的要求。学生需要在学习过程中充分发挥出自身在学习上的主动性。在目前的教学实践中，多数学生依然习惯于按照传统的思路和方法来被动展开英语学习，这导致教师所开展的情境教学很难发挥出理想效果。

六、初中英语情境教学的开展策略

（一）教师转变教学思想

为使情境教学法的应用更加科学、高效，英语教师不仅要根据学情创设情境，还要将更多利于学生成长的教学思想引入英语课堂。例如，教师在进行"How much are these socks？"教学时，可根据生活即教育思想、教学合一的教育思想有效运用情景教学法，指引学生将以往的购物体验转化为表演式情境创设的动力，在此过程中使用语法知识完成情境表演任务，如"in+颜色""buy sth from sb""sell sth to sb"等。因为学生购物体验不尽相同，所以可避免出现表演式情境雷同的现象，这利于增强情境的丰富性及生本性，多思路指引学生运用语法知识，使学生能在本课掌握基数词的用法，如用"-"将十位数、个位数连接起来等，加之多种购物情境的融合夯实学生英语知识学习基础，为学生今后运用有关知识解决实际问题给予支持。

（二）结合生活场景开展教学

初中阶段所学英语知识与现实生活有着密切的联系。所以教师可以积极结合日常生活中的场景来组织开展情境教学。在此项教学活动开展过程中，教师要对教材中知识点进行深入研究，充分利用好教材给出的插图对话以及各种素材来为学生做好教学设计。利用这种方法，教师能有针对性地做好对学生的引导，使学生在参与教学活动的过程中更好地融入教师所营造的教学情境中来，强化对课程知识点的认识，并不断提高个人应用英语的能力。

例如：在学习"I'd like some noodles"这一单元的过程中，教师就可以积极结合教材中给出的场景，围绕学生到饭店吃饭时的经历来展开教学设计，为学生设计出对话的场景和主题，学生结合自己吃饭时的体验来积极展开对话，使情境教学发挥出理想效果。只要教师深挖教材内容，积极做好对学生的引导，使学生在英语学习中的主体性作用得以发挥，就能让教学活动发挥出更大价值，帮助学生以更积极的态度融入课程学习之中。

（三）丰富教学方法

教学方法推陈出新有助于挖掘育人潜力，确保情境教学法始终可为教学目标的实现而服务。例如，教师在进行"My favorite subject is science"教学时可创设演讲情境，为学生利用英语知识进行演讲提供条件，演讲主题为"我喜欢**学科"，引领学生利用"My favorite subject is..." "Because it is..."等句式阐述观点，正确使用 from to，finish 及其他短语与单词完成英语演讲任务。为使演讲稿更加严谨，学生会围绕英语知识主动进行研究，明晰"thank sb for"中的"for"为介词，后跟代词、名词、动名词，说明感谢的内容或原因，还可掌握"finish"后跟"doing sth"等语法知识，继而通过演讲情境的生本化创设提高英语语法教学质量。

（四）构建多彩的情境

情境，作为一种融入了情思的境界，一种洋溢着活力的场景。利用多种多样的资源，构建各种各样的情境，不仅有利于引发学生的情感共鸣，还有利于诱发学生的学习兴趣。有鉴于此，初中英语教师在施教的过程中应当主动地把情境教学法融入英语教学之中，根据教学内容的不同、教学环节的差异设计相应的具有针对性的教学情境，从而满足学生对良好情境的需求，进而使学生能够在醉人的情境中感受到汲取英语知识的乐趣。

例如，在学习"What did you do last weekend？"这一课的时候，教师就可以运用有利于点燃学生学习热情，引发学生情感共鸣的情境教学法。首先，教师让学生观看大屏幕，使学生进入一种多媒体情境，并让学生在同一时间看到有关本课的各种知识清单。其次，教师利用一些游戏素材创设了一种极具感染性的游戏情境：就是让学生进行"问一问，答一答"的游戏。在游戏的过程中，有的学生问："What did you do last weekend？"另一个学生一边回答说："I went to my grandmother's"一边做出相应的游戏动作。如此一来，这样的情境引发了学生的情感共鸣。

1. 生活情境

生活情境将实际的生活作为教学的切入点，辅以生动、有趣的实践活动，可以最大限度地激发学生的理论学习兴趣，使之产生源源不断地探索、思考热情，在学习新知识的同时，增强理论联系实际的能力。在创设生活情境时，教师要引入不同的生活案例，渗透英语基础知识的讲解，使学生产生学习兴趣，在兴趣的驱动下，高效完成各类课堂教学活动，切实提高教学质量。

例如，在教学"When is your birthday？"时，为了激发学生的学习兴趣，教师采用视听法或归纳法讲解月份和日期的知识，让学生回忆印象最深的一次生日，与其共同探讨中外庆祝生日的不同形式，使学生产生学习的兴趣，并掌握日期询问和表达的方式。同时，教师创设"庆祝生日"的生活情境，引导学生围绕"Grammar Focus"部分中的对话进行练习，使学生通过对话了解彼此的生日，巩固友情的同时，能运用"when"引导的特殊疑问句来询问、谈论日期。语法知识至关重要，教师创设"生日日期"的生活情境，讲解基数词、序数词的使用方法，引导学生说出自己生日的日期，同时运用"When is your birthday？""My birthday is……"句型练习对话，掌握英语正确表达月份、日期的方法，提升语言应用能力和实践能力。

2. 直观情境

直观情境可以为学生直观呈现抽象的知识内容，利用实物辅助教学，清楚地展现不同知识之间的关联。因此，创设契合实际的语境，能够助力学生英语思维的形成，使其在夯实理论基础的同时，掌握各种英语表达技巧。在创设直观情境时，教师要把握学生的学习、思维习惯，利用直观的语言情境结合其直观、抽象思维，引导学生在契合实际的语境中深刻理解所学知识，不断提升抽象思维能力。

例如，在教学"Is there a post office near here？"时，为促进学生抽象思维的发展，教师直观展示校园三维地图，创设日常问路语境，引申出表示位置关系的词，使学生能够在真实的语境中深刻理解位置关系词语的用法。为培养学生的英语思维，教师出示真实街景，引导学生在脑海中构建清晰的位置关系图，仿照"Is there a post office near here？""The post office is in front of the bank."句型练习对话，使学生能够在实际语境中提升口语能力。针对课程主题"问路"设计不同的交流活动，提供各种直观的地图图片，引导学生运用"where"引导的特殊疑问句来问路，及时纠正"中式英语"，使学生学会用"There be"句型的肯定式进行回答，懂得方位介词的正确用法，树立起英语交际的自信心。

3. 问题情境

问题情境是通过课堂提问的形式，创造不同的沟通、交流机会，加强师生互动的同时，激发学生灵敏的思辨意识，使学生在问答环节中形成问题意识，保障其主体学习地位，满足新时期的素质教育需求。教师围绕英语基础知识设问，适度引发学生的认知冲突，逐步引导学生在学习中解决问题，化解认知冲突的同时，形成灵敏的思辨意识。

例如，在教学"Will people have robots？"时，围绕"There be"句型、行为动词、"be"动词的一般将来时态讲解新知识，创设问题情境，提问有关未来生活的问题，使学生可以在回答问题的同时，掌握运用"will do"表示将来发生事情的方法。教师在问题情境中提升学生的阅读理解能力，帮助其灵敏的化解认知冲突，使其通过阅读形成良好的思辨意识，促进学习质量的提高。

4. 合作情境

合作情境是通过合作教学的方式，为学生营造自主求学的良好氛围，激发学生的探究精神，使学生通过团队合作学习，形成良好的创新意识，为日后的知识学习和未来发展积累宝贵经验。教师创设合作情境，旨在培养学生的综合素质，引导其通过合作学习的方式突破知识难点，以全面提高学习效率，促进学生创新思维能力的提升。

例如，在教学"What's the highest mountain in the world？"时，为调动学生的学习热情，教师创设合作讨论情境，引导学生以小组合作学习的方式，了解教材中出示的山川河流信息，让学生理解一般计量单位可以作为状语放在形容词前，懂得运用"……meters high/long/wide……"来表示具体数量，形成良好的团队合作意识。教师创设合作竞争情境，让各个小组围绕集合名词"The population of+ 地点 +is+ 数量"和"地点 +has a population of+ 数量"句型练习对话，使学生在规定的时间内流利、快速地完成对话任务，形成创新思维。学生能够理解集合名词作为主语时，谓语动词要用单数形式表示，在合作中深刻理解形容词和副词比较级、最高级的变化规律，掌握 large、big、small 等修饰词的用法，树立热爱自然、保护环境的意识。

（五）利用多媒体营造教学情境

在初中阶段的英语教材中，有很多内容都是学生非常感兴趣的。但是，英语教师习惯于按照传统的英语教学模式，对学生开展教学引导知识课程教学，很难发挥出理想效果。在信息技术不断发展的背景之下，初中英语教师在教学过程中，要不断加大对信息技术的学习，掌握英语课件的制作方法，积极利用多媒体教学设备来组织开展英语情境教学，充分激发出学生的英语学习兴趣，使他们以更积极的态度融入课程学习之中，不断提高教学活动的有效性。

例如，在教学"Where did you go on vacation？"这一单元的过程中，教师就可以充分利用多媒体教学设备，为学生展示一些感兴趣的地方，结合教师所提供的场景来积极展开对话。这种方式能充分激发出初中学生在英语学习过程中的积极性，也能使他们更好地融入教师所营造的教学情境中，在应用英语展开对话交流的过程中，不断提升个人的英语水平。

（六）引入情景剧表演教学方法

1. 英语情景剧表演的特点

（1）融合真实情境

英语情景剧能够融合真实情境，是一种综合性的英语实践教学活动，可以充分凸显出学生的主体地位，增强学生的英语表达能力，让学生在英语课堂上有更多锻炼机会。英语情景剧需要多名学生相互配合，将情景剧的内容演示出来，学生也会在这个过程中提高自身的团队合作能力和创新能力，释放表演天赋，增强英语学习的自信心。情境性是初中英语情景剧表演的突出特征，英语本身就是在一定情境中运用的，语言内容与情境特色息息相关，教师可以通过多媒体图片、挂图、道具等方式创设情境，提高情境的真实性。

（2）联系现实生活

英语情景剧表演大多与现实生活相关，能够体现出较强的生活化特点，帮助学生完成英语知识迁移，在现实生活场景中正确地使用英语。当前初中英语教材中有很多生活化的内容，比如"Is this your pencil？""This is my sister.""Do you like bananas？"等，很多英语课文中包含了衣服、颜色、饮食习惯、家庭人物关系、节日庆典、交通规则等，这些与初中学生的现实生活拥有密切关联，教师可以根据课文内容设计情景剧表演的主题，让情景剧更加顺利地开展。

（3）具备互动性

在以往的教学中，很多学生不敢开口说英语，形成了"哑巴英语"，难以和他人进行交流，情景剧表演的教学方法能够有效改善这一现状，增强学生对英语语言的反应能力，让英语表达更加流利、精准。在情景剧中，学生可以通过直观的动作和表情演示情景剧的内容，与他人开展互动。比如在学习"Is this your pencil？"时，教师就可以设计相关的情景剧内容，鼓励学生根据课文表演一段小故事，这样学生就可以在情景剧中完成问答。例如："Is that your book？"学生回答："No, it isn't."与他人完成多样化的互动，练习相关的短语和单词，掌握问句的语音语调，并辅以动作。

2. 情景剧与初中英语课堂融合的价值

（1）全方位挖掘初中英语教材

情景剧表演是一种生动形象的课堂教学方式，经常被应用于语言类的学科中，能够对课堂教学进行拓展延伸，激发学生对语言的学习兴趣，让学生在"做中学"、"玩中学"。初中英语教材中所呈现的内容是有限的，课本会受到篇幅的限制，但情景剧表演是无限的，它能够对英语教材进行深入发掘，全面丰富课堂教学内容。

比如在学习"I'm going to study computer science."时，教师可以提出"长大后想做什么？"的主题，引导学生对该话题进行讨论。课本中有"Andy"和"Ken"的对话，双方表达了自己对未来的打算，并说明了父母对自己的期望，教师可以引导学生将这一个对话表演出来，也可以鼓励学生搜索与职业相关的单词，替换对话中的内容，从而充分利用课本教材中的句型句式，并做到拓展延伸。总而言之，课本教材虽然是固定的，但情景剧表演却是灵活多变的，教师可以通过情景剧表演的教学方法对课本教材进行丰富，全方位挖掘教材内容，帮助学生灵活运用英语。

（2）营造轻松的英语课堂氛围

初中阶段涉及的英语知识较多，学习难度较大，很多学生在小学阶段没有积累丰富的英语学习经验，导致基础薄弱，容易在英语学习上退缩。因此，教师不能采用灌输教学的方法强迫学生学习，而是要营造轻松愉快的教学氛围，全面激发学生的英语学习动力。情景剧教学法能够让学生"反客为主"，在英语课堂中主动参与，与其他同学开展英语对话和英语合作，全面感受英语情景剧的独特魅力，从而迸发出浓厚的英语学习兴趣。在实践教学中，每当教师提出要开展情景剧表演，学生都能热情高涨，在不知不觉中背诵英语句子，根据情景剧的要求认真排练，与其他同学共同讨论情景剧表演当中的问题，增强学习的积极性。

（七）进一步优化教学体系

首先，教师要在语法课上有计划、多角度、全方位地应用情境教学法，确保情境教学法与英语课能交融在一起。其次，在课上教师要善用信息资源，利用IT技术创设情境，如视频情境、图片情境、音乐情境等，在线上、线下体系化联动教学的基础上提高英语知识输出的有效性。最后，在课后教师要开发微课，创设基于英语知识的微课情境，依托讲解类、演示类、互动类、测试类微课温故知新，发挥微课知识要点突出、内容全面、生动有趣的情境教学优势，打通课内、课外语法教学壁垒，继而优化初中英语语法课情境教学实践体系。

（八）组织开展角色扮演活动

英语是一门语言。要想取得理想的英语学习效果，就需要学生在实践中大胆使用英语，但目前多数学生在学习英语的过程中都不敢说，这导致教学活动无法发挥出理想效果，且由于学生对英语学习存在着畏惧心理，这对教师英语教学活动的有效性也会产生不利影响。结合目前的教学现状。为了情境教学能够取得理想效果，教师要积极组织开展角色扮演活动，利用这种方法为每个学生大胆使用英语提供机会。在应用这种教学方法的过程中，教师需要特别注意应用激励措施，鼓励每一名学生，这样教学活动才能发挥出更大价值。

综上所述，在初中英语教学实践中开展英语情境教学，对教师个人的教学能力有着很高的要求。教师在课前需要认真做好教学研究，结合目前初中学生在英语学习方面存在的问题和不足，充分利用各种场景以及多媒体教学设备。为学生营造良好的英语情境教学氛围，吸引学生积极参与其中，并使学生在参与的过程中提高自己的英语水平。

第四章　初中英语课堂教学反思

本章主要论述初中英语课堂教学反思，内容包括课堂教学多元化评价、提升学生课堂参与度、加强课堂教学互动、注重课堂提问技巧和推动课堂合作学习五方面内容。

第一节　课堂教学多元化评价

一、初中英语教学评价中存在的问题

（一）对于评价存在认知偏差

在初中英语教学管理工作中，部分教师意识到了评价的作用和优势，但是在具体落实过程中，对于评价存在认知偏差。部分教师认为评价无法提升初中生的英语学习能力，缺乏一定的使用价值，只是形式化地开展教学评价，无法取得理想化的评价效果。同时，部分教师把评价当作档案袋评价，认为只要可以记录学生的英语学习过程，就能够称之为评价，对于英语教学评价的认知不够全面。除此之外，英语教师对于评价的实施策略、原则、价值缺乏深刻的认知，导致学生认为评价是陌生的，不能全面配合教师开展英语评价教学活动。

（二）英语评价内容不够全面

在初中英语教学管理工作中，英语评价内容不够全面，部分教师只是关注学生的英语学习成绩，但是忽略了学生英语跨文化意识、合作意识、情感价值观、学习习惯、学习态度、学习策略等内容，涉及的评价内容都是英语语法、英语词汇，在个别时候会考查学生的英语词汇发音，对于学生的英语评价内容不够全面。在考查学生英语听力水平的过程中，一般都是在播放录音之后，直接让学生去核对答案，这样既无法检测学生真实的英语听力水平，还无法得到全面、积极的听

力反馈。在英语阅读理解教学类型评价中，也是考量学生是否理解文章的大意，通常是让学生逐句翻译，完全忽视了文章中的阅读策略、情感态度、文化意识，也没有把阅读和写作联合起来展开评价。在口语交际评价中，只是考查学生对于英语句型的掌握情况，没有围绕真实情景和语境展开评价，无法锻炼学生的英语知识运用能力。

（三）评价缺乏灵活性和针对性

在初中英语评价中，存在评价缺乏灵活性和针对性的问题，教师在评价学生英语学习活动的时候，通常都是用考试来了解学生的英语学习情况，很少运用访谈、问卷等评价手段，一些教学经验丰富的英语教师，虽然会运用评价手段，但只是局限于让学生课堂举手发言，这样只能够让学生在原有学习基础上进步，无法真正激发其参与评价的主观能动性。同时，课堂观察量表也是评价中的主要手段，但是只是简要记录学生的英语课堂发言情况，没有围绕学习进展情况、课堂问题回答质量展开评价，评价手段缺乏客观性、公平性，使学生缺乏参与评价的自信心，无法提升学生的英语学习水平。

二、多元化评价在课堂教学中的应用

（一）多元主体互评

在初中英语课堂教学环节，受传统教学理念影响，大都以教师为课堂教学的主体，学生只是作为接受知识的客体被动接受英语知识，这不利于学生英语思维能力的拓展，也对学生造成了禁锢。因此，为突破这一教育局限，教师应转变传统的教育理念，遵循新课标规定的多元评价模式，对学生进行评价性教学引导，使学生能够真正认清自身的学习能力。对学生开展多元评价可以从学生自评、生生互评、教师点评三个层面进行。学生自评可以使学生能够清晰地进行自我剖析，从而可以开展更深刻的自我反思，以此不断突破自我，挑战自我极限，使自身的英语知识学习能力能够得以质的飞跃。而生生互评的作用在于它能够让学生看到一个不一样的自我，通常学生开展自我评价，都会有无形的束缚，使学生无法真正认知自我，而通过生生互评，学生会从多元角度认知自我，并对自己的英语学习优势进行发挥，对自身的英语学习短板尽快补齐。而教师点评的作用在于可以综合学生自评、生生互评，以及教师的意见，对每一名学生进行综合性的概况总结，使学生能够更加清晰地认知自我。而且，多元评价不仅是教师评价学生，学生同样也可以评价教师，使教师能够更加清晰地认识到自己的教学能力，也应结合学生的意见完善自我，并根据每名学生的不同特征，对学生采取因材施教的模式进行教学引导。

（二）内容多维评价

在初中英语新课程改革大背景下，教师应突出英语教学过程的重点内容，以此提高学生的英语综合学习能力，确保学生能够得以全面发展。此外，教师在对学生进行评价的过程中，也应注意评价内容的多元化，并非学生一个阶段性的学习结果就代表学生的总体学习能力，而是应注意将更多的评价内容放在英语的学习阶段，即对学生的英语学习形成性进行评价，评价内容应涵盖学习状态、提问情况、课堂笔试情况及作业完成情况等，且教师应对每一项内容进行详细记录，并以表格的形式进行呈现，以此进行评价的积累，也可以让学生了解到，笔试成绩并非唯一的评价依据，使学生注重日常的学习过程，以此培养学生的英语自主学习能力。

在对学生进行内容测评的过程中，可以以某一节课的内容为考查依据，教师可以为学生出示一道问题，然后通过学生回答问题的过程对学生开展评价，包括学生回答问题的态度、参与程度，以及最后的笔试考查结果等，这会使得测评结果更具公平性，也真正凸显出多元化内容评价的意义，使学生的英语学习综合能力能够得到有效提升，也确保学生的英语核心素养得到有效提升。

（三）点评方式多样化

受传统教学理念影响，教师大都将主要精力放在讲述知识内容方面，却忽略了与学生的交流沟通，更没有对学生进行充分的肯定和言语鼓励，学生也没有经历过由于教师的肯定而带来的喜悦之感。而在新课改大背景下，应重视提高学生英语学习的主体地位，使学生能够感受到来自教师的鼓励，这有助于调动学生学习的积极性。教师对学生进行评价可以从多元角度展开，包括课前预习、课中学习、课后复习三个阶段，并运用英语对学生进行表扬，这样可以构建英语学习氛围，也可以潜移默化地积累学生英语词汇储备量。此外，对学生进行点评也并非单纯地用语言表示，一个和蔼的笑容、一个肯定的眼神，这些形式倘若教师运用得体，甚至胜过对学生的语言肯定。再者，教师也可以在班级内设置最为常见但也最有效的评价模式，例如：制作黑板报。上面写上班级所有学生的姓名，每天都要进行评比，评比内容包括英语词汇掌握量、英语语法理解程度、语篇使用情况、语境运用率等，每完成一个项目会相应获得一个小红花，以每个月为期限，对小红花的总数量进行计算，获得小红花前三名的学生，教师应对其进行物质与精神的双重奖励，以此对获奖及非获奖学生都形成一种激励。同时，也应采取奖罚分明的措施对学生进行点评，对于小红花获取数量最少的三名学生，教师也应对其提出批评，并帮助其分析失败原因，最后鼓励这部分学生以前三名学生为榜样进行英语学习。

（四）作业作品评论

在初中英语课堂教学环节对学生开展英语评价，除了要评价课堂学习过程和纸笔考查之外，也应注重评价学生的英语作业及作品完成情况，以此定性学生的学习能力，并给学生提出努力的目标和方向。对学生布置英语作业需要与生活实践相结合，确保学生完成英语作业是由于与真实生活场景结合，而并非单纯依靠英语教材上的理论知识，以此为学生构建一个体系化的思维模式，确保学生能够得到深刻的学习体会和感悟。

此外，完成作业的形式也较为多样化，学生在完成作业的过程中，需要对作业的内容进行设计，展现相关作品内容，可以通过电脑模拟、角色饰演、系统性操作陈述等模式来完成。而且对于作业设计而言，学生需要考虑的是一些更高层次的问题，以此提高学生的发散思维能力，使学生能够创造性地解决英语问题。教师也应注意对学生设置一些开放性较强的英语问题，这类英语问题并没有固定的答案，学生通过步骤推理能够逐步理解英语内容。在此基础上，教师对学生的作业完成情况进行评价，也可以从另一层面反映出学生对英语学习知识点的理解程度。而对于学生英语作品的测评而言，指的是教师为学生布置一个主题英语作品，包括英语作文、英语书写作品等，通过学生的英语作品完成情况，评定学生的信息搜集能力、问题处理能力、创新能力、表达能力及综合思维能力，使学生能够更加清晰地认知自我，而且，这种通过作品反映出学生的学习现状，较比生生互评及教师点评，更能真实地反映出学生的英语学习现状，从而评定出学生的英语综合能力。

（五）重视形成性评价

在初中英语教学管理工作中，教师要改变以往终结性评价、纸笔考试评价等评价方式，要重视形成性评价，基于评价主体、评价方法、评价内容、评价理念方面融入形成性评价方法，不仅要关注学生的英语学习成果，还要关注学生的学习过程，让他们在掌握英语学科知识与技能的同时，发展自身的英语学科能力、思维能力、实践能力，让学生在形成性评价中养成良好的英语学习习惯，掌握更多的英语学习技巧、学习方法，了解自己在英语学习活动中存在的不足之处，从而进行查漏补缺，更为全面掌握所学英语知识，体现学生的主体学习地位，让学生也成为英语形成性评价中的主体对象，在教师和学生的共同努力之下，展示出英语形成性评价的优势与作用，提升英语教学评价的质量、效率，锻炼学生的英语听说读写能力。

（六）融合家长共评

随着教育理念的进一步完善，家校共育的教学理念也逐步深入人心，初中阶段的学生虽然已经具备一定的自主思维意识，但仍旧需要家长参与到学生的学习评价中，这会确保评价效果更加多元性，也可以凸显出多元评价的价值所在。教师可以为学生设置家长共评的时间，由于初中生已经具有一定的自主思维意识，有部分学生在学校和在家庭中的表现有所差异，而通过家长共评，可以让教师更精准地了解到每名学生的真实学习状况。教师可以每周为家长发放一张共评任务书，上面应罗列英语教学的全部内容，并让家长在每一个教学内容后都进行评价。这种综合评定的方式，可以让教师了解到学生在课堂之外的学习状况，也可以让家长对学生的课堂的学习情况有一个了解。教师能够根据学生在家庭中的学习情况，制定更加完善的教学计划，而家长也可以辅助教师助力学生进行英语知识的学习。

此外，通过引入家长评价环节，也使家长更加理解教师的教学过程，因此，家长能够更加全力地配合教师对学生进行教育，学生的英语学习自主意识也得到了有效提升，充分凸显了家校联合评价及教育的重要性，也为学生的英语知识学习起到了较强的助推作用。

（七）终结阶段总评

终结性评价指的是在每个学期期末考试结束后，教师需要对学生进行综合性评价，评价可以分三次开展，第一次测评是考查学生的英语阅读能力，第二次测评是考查学生的英语知识积累能力，第三次可以考查学生的英语表演能力，包括英语手抄报比赛、英语配音大赛、英语演讲比赛、英语主持人大赛、英语慈善义卖等。同时，三次考查也涵盖了较为全面的英语知识点，使得考查结果较为公平，使不同能力的学生都可以展现出自身的特长。在对学生进行终结性阶段总评后，教师应根据学生的学习状况，为学生量身打造学习计划，让学生按照一定的模式进行学习，也使学生能够更具目的性的进行学习，调动学生英语学习的自主意识，以此提高学生的英语学习能力。

三、课堂教学多元化评价实施策略

（一）探究"生成点"，实施导向评价

在初中英语教学管理中，要想展示出英语多元化评价的优势，教师要善于探究"生成点"，实施导向评价，让学生的英语学习活动更加有针对性、全面性，获得理想化的英语学习效果。在英语多元化评价中，需要改变以往单一考核、课堂核对答案、笔试考试的现状，而是要为学生提供方向，引导他们自主发现英语学习活动中的薄弱点、不足之处，从而加以改正。围绕英语教材中的难点与重点内容来展开评价，注重锻炼学生的英语感悟能力、认知能力，导向性评价能够引导、促进学生的英语学习思维与感知能力，使他们在探究英语知识的同时，更好地进行自我英语学习，提升英语自主学习能力。

（二）掌握"需求点"，开展鼓励评价

在初中英语教学管理工作中，教师要在英语多元化评价中掌握"需求点"，开展鼓励式评价活动，关注评价的过程性，展示出对于学生的关怀与了解。教师要基于人文角度与生本主义角度来开展英语评价活动，全面寻找学生的困惑点、需求点，以此来设定评价目标、内容、方案，激发学生学习英语知识的自主性与积极性，使他们感知到学习英语知识的趣味性，获得理想化的英语学习效果。教师要围绕学生的真实情况，用激励与宽容的方式开展评价，这样能够获得学生更多的信任与尊重，营造良好的英语学习氛围，学生也更愿意表达自己真实的英语学习需求，在此过程中客观、真实评价自己的英语学习过程，从中查漏补缺，激发学生的英语学习潜力，增强他们英语学习的内在驱动力。教师要鼓励学生积极发表自身的看法与观点，围绕不同的学习观点，对学生的创新之处展开评价，增强学生参与评价活动的自信心与成就感，养成良好的思考习惯、学习习惯，提升学生的英语学科综合素养。

（三）关注"差异点"，落实分层评价

在初中英语多元化评价中，涉及的评价方式比较多，教师要重视落实分层化

评价，关注学生学习的差异点，因为每一个学生的英语学习能力、理解能力、认知能力不同，如果采用统一的评价方式，根本无法客观、公正评价学生的学习情况，只有落实分层化评价，才能够满足每一个学生差异化的英语学习需求，获得理想化的英语教学成果，提升学生的学习品质，掌握英语学习关键能力，全面落实素质教育理念。在初中英语评价活动中，教师要把同学互助、家长评价、教师鼓励融入学生的英语学习活动中，真正尊重、理解学生的英语学习行为，通过小组讨论、课堂互答，掌握学生真实的英语学习困惑点、闪光点，科学设定英语形成性评价目标、方案，实事求是展开英语教学评价，体现出多元化评价的发展性与延伸性特征，对学生予以点拨与鼓励，拓展英语学习空间。除此之外，教师要在英语多元化评价中，评价学生的审美价值观与情感态度，促进学生非智力因素的发展，在评价中商量探讨、质疑追问、欣赏认可，激发学生的英语学习潜能，让英语教学过程更加趣味化，展现出英语多元化评价的优势、作用，引导学生实现英语知识的内化，掌握更多的英语学习技能。

（四）注重内外延伸，实行全面评价

在初中英语多元化评价教学活动中，教师要注重内外延伸，实行全面评价，提升学生的英语学科核心素养，引导学生不断学习、进步、发展，形成良好的英语学习态度。在初中英语课堂教学活动中，教师不要把教育内容局限于课本内，也不要把英语教学活动局限于教室内，同样，在英语评价过程中，教师也要打破局限性，鼓励学生、家长共同参与到评价活动中，拓展评价的内容，保证评价的实效性、全面性、科学性，让学生在评价中真正有所成长、学习，获得更为深刻的学习心得和学习感悟，在英语学习活动中找到适合自己的英语学习方案。

同时，在初中英语评价中，教师不仅要考查学生的课堂、课内学习情况，还要对学生的家庭英语学习情况、课外知识掌握程度展开评价，让英语学习评价更加全面化、完整化，这样才能够公平、客观评价学生，提升他们的英语听说读写能力与知识运用能力，利用所学英语知识解决实际生活问题，做到由此及彼、学以致用，感知到学习英语知识的必要性与意义，从而端正学生的英语学习态度，在英语评价中激发学生的英语学习潜力，师生共同打造高效化的英语多元化评价体系，促进学生的个性化成长，获得英语学习的动力。

第二节　提升学生课堂参与度

初中阶段是学生各项能力快速发展的黄金时期，英语教学的质量和效果将会直接影响学生的英语能力，初中英语教学需要学生参与其中，学生是课堂教学的主体。英语学科的学习是学生在初中阶段学习的一个重要组成部分，教师和学生都应当重视其初中英语学科的学习。学生在课堂教学中一直是学习的主体，教师在开展初中英语知识点教学的同时，一定要注重学生各项能力的均衡发展，采取恰当的手段，让学生积极主动地投入英语学习中。

一、提升学生课堂参与度的价值

第一，保障学、教同步，学生能在教师的指引下动脑思考、探索发现、质疑求证，掌握英语探知自主权，提高学生英语知识学习效率；

第二，为提高英语课上学生的参与度，教师应积极优化育人活动，引入新思路、新内容、新举措，使初中英语课堂充满生命力，这有利于初中英语教育活动的高效发展；

第三，教师积极参与英语教学活动能提高自身的思维能力、语言应用能力、读写能力等英语素养。

二、提升学生课堂参与度的要点

（一）关注学生

学生在课上会释放生成性教育资源，这些资源是学生学习反馈的结果，有些结果与教师预期吻合，还有些结果则在意料之外，这与当时师生互动的状态、课堂环境等因素有关。教师关注学生就是关注其学习反馈，为依据学情调整英语授课对策提供抓手，保障学生能思考、讨论、实践，达到提高课堂参与度的目的。例如，在教学"What's this in English？"时，教师发现学生已经熟记对话，失去了对话练习的兴趣，这不利于学生优化语感，为了避免这种现象，英语教师应改进育人对策，拿出一组图片，并将图片拿给某位学生看，而后该名学生负责用英语简单地进行描述，其他学生则要猜出图片上是什么，并用英语说出来，达到组织学生运用所学知识进行口语练习的教学目的，在游戏性较强的活动中提高学生英语课堂参与度。

（二）精心设计

初中英语教学设计是聚合教育资源并保障学生能积极参与的基础，包括情境创设、知识导入、问题设计等，保障学生参与英语学习活动能事半功倍。例如，在教学"This is my sister"时，教师可在一些动画片、外文电影、广告、纪录片等视频中筛选"This is..."句式结构相关内容并进行剪辑，使学生觉得英语课有趣，并对接下来的学习产生期待，同时视频可激活学生的思维，引导学生跟读与思考，对重点句式印象深刻，为学生参与互动奠定基础。在此前提下教师播放本课音频，学生跟随音频朗读，在听录音的同时纠正发音，助力学生提高听力能力及阅读能力。教师鼓励学生依托对话结构并融入个人生活经验进行改写，同时读一读、演一演，一方面充分利用所学知识，另一方面提高学生英语课堂参与度。

（三）深耕教材

教师期望学生参与教学活动的目的之一是加强知识传导，提高教学质量，渗透素质教育，这就需要教师在英语知识输出层面上下功夫，有效深耕教材，拓宽知识传导领域，多角度提高学生课堂参与度。例如，在教学"Where's my schoolbag？"时，教师为使学生能牢记"under the bed, on the sofa"等短语及"Where is/are..." "It's..."等重点句式，教师可播放一段节奏感鲜明的旋律，从动画片《樱桃小丸子》中节选一张卧室图片，将手里的书包形状冰箱贴放在图片中并跟随旋律提出问题，学生则要依托旋律回答问题，如"It's on her bed"等，继而在参与教学活动的同时牢记英语知识。

三、提升学生课堂参与意识

（一）穿插生活联想环节

教师培养学生的生活意识，是希望学生在生活的引领下，自觉寻找生活中的英语，了解英语与生活之间的联系，使学生学会站在生活的基石上把握英语，了解英语中的文化，培育其文化意识。学生在生活驱动下，会找到英语学习的动力，走进英语课堂，抓住英语学习的线索，继续展开追寻。由此，初中英语教师在教学中培养学生的参与意识，应懂得穿插生活联想环节，渗透文化意识及学科德育。但是，部分教师对学生的生活环境不了解，在学生联想生活的过程中，喜欢反驳学生，认为学生的想法是错误的，加大了师生之间的隔阂。这就需要教师多加了解学生，为学生提供适宜的生活元素，走近学生。

在学习"The Spring Festival"时，为了使学生了解春节，知道怎样使用英语来介绍春节，传播传统文化，教师在教学中可以为学生展示与春节有关的图片，诸如红灯笼、煮元宵、贴春联等，并鼓励学生联想自己过春节的生活经历，说一说自己对春节的印象。鼓励学生分享自己在春节与家人一起包饺子的经历，春节是团圆的季节，将家人团聚在一起，进行心灵上的交流，增加家庭的凝聚力。鼓励学生使用英语来介绍春节，让更多的人喜爱春节。学生在英语表达中，熟悉了春节的庆祝活动，知道了怎样向他人介绍传统节日，获得了民族自豪感。

（二）穿插问题思考环节

教师为学生设置问题，是希望学生在面对问题的时候，能够产生疑问，找到探究问题答案的助力，积极走进问题中，开动脑筋思考，唤醒学生的学习自觉性。学生在思考问题的时候，会不断强化自己的英语思维，形成多角度分析、客观判断的能力，找出问题的答案。由此，初中英语教师在教学中培养学生的参与意识，应懂得穿插问题思考环节，培养学生的思维品质。但是，部分教师在为学生设置问题的时候，没有对问题加以筛选，使得问题对学生的吸引度低，甚至出现了冗杂重复的问题，影响了学生的学习体验。这就需要教师结合教学内容来设置问题，增加开放性问题，活跃学生的思维。

在学习"Life in the future"时，为了使学生畅想未来，让学生把握现在，为未来发展提供更多的可能，教师在教学中要鼓励学生思考问题：你对未来有哪些大胆的畅想？未来的生活应该是怎样的？能够分享给大家吗？你认为要想实现自己的想法，现在应该怎样做？学生带着问题，走进了英语课堂，从不同方面，畅想了未来生活，说出了自己对未来的期盼。接着，教育学生，要脚踏实地，珍惜现在，只有这样，才能早日与理想的未来见面。学生在思考开放性问题的过程中，给出了自己的答案，提高了语言组织能力和语言运用能力。

（三）穿插实践参与环节

教师引导学生进行语言实践和创新，能够多元化评价学生对英语知识的学习、应用情况，方便为学生提供下一步的帮助，让学生积累更多的英语知识并能够灵活运用。学生在参与实践的时候，会发现自己对课堂知识的掌握情况，及时查漏补缺，增强应用技能，提高学习水平。由此，初中英语教师在教学中培养学生的参与意识，应懂得穿插实践参与环节，促进学生应用知识。但是，部分教师在学生实践的时候，会干扰学生，不信任学生，打击了学生的实践自信心。这就需要教师关注学生实践，尊重学生，为学生创设良好的机会。

在学习"How to learn English？"时，为了使学生认真思考如何学习英语，让学生学会使用"translate、correct、advice、think about"等词汇，锻炼学生的应用能力，教师可以在教学中为学生设置写作实践任务，鼓励学生利用课堂所学单词，来分享自己英语学习的经验，或是分享自己英语学习过程中遇到的烦恼，加强学生的体验感。在学生完成写作任务之后，教师对学生的作文进行批改，指出学生需要改进的地方，帮助学生找到作文的纰漏之处，改善作文质量。学生获得了写作的信心，知道了怎样借助英语来分享自己的学习经验，表达自己的所思所想，从而实现了英语的学以致用。

四、学生积极参与的教学原则

（一）生活化原则

英语知识学习有难度是客观事实，尤其对于基础薄弱的学生来讲，总会在英语学习中感到力不从心，还会对英语课敬而远之。基于此，初中英语教师要想办法让英语变得亲切，与学生有紧密的联系，基于生活化原则提高英语的熟悉度及吸引力，为学生参与教学活动奠定基础。例如，在教学"What time do you go to school？"时，教师可指引学生回顾以往的生活经历并绘制"一日/一周行程表"，其间用到"up，tooth，o'clock"等重点单词，达到巩固基础知识并提高语言应用能力的育人目的。为使学生在绘制行程表时能积极主动，教师应允许学生奇思妙想，用学生觉得恰当的方式展示行程信息，如图画、表格、统计图等，继而使学生能积极参与英语教学活动。

（二）趣味性原则

教学活动有趣能吸引学生积极参与，这就需要初中英语教师能改变授课风格，用轻松、幽默的语言与学生互动，助其思考、探讨、实践，同时教师还要保障育人活动有趣，确保学生能在学习中精力集中，与教师维系稳定的交互关系，在学生提高课堂参与度的基础上落实育人目标。例如，在教学"Is there a post office near here？"时，教师可组织学生深入生活，利用英语知识进行表演，如"near here，across from，between...and..."等短语及"Is there..."等句式结构。为使表演更加有趣且具有知识性，教师除鼓励学生利用生活场景创编表演内容外，还可引入竞赛机制，在规定时间内积累运用本课所学单词、短语、句式结构最多的表演小组获胜，要求表演情境中所学内容不可重复出现，保障表演有逻辑性及创造性，通过赋予"课本剧"表演挑战性让学生感到英语学习活动的乐趣所在，进而积极思考与实践，提高其英语思维、语言应用等能力，在提高学生课堂参与度的同时完成英语授课任务。

（三）实践性原则

以往的英语课堂学生存在"哑巴英语"的问题，鲜少说与做，学生英语学习似乎只为了应付考试，在考试压力下学生不得不背诵课文、单词乃至例题，这使学习热情逐渐熄灭，无法积极主动地参与课堂教学活动。基于此，教师要增强英语教学活动的实践性，将读、写、演、研的权力交给学生，做到知行合一，解放学生学习的天性，鼓励学生在实践中碰壁、反思、成长并提升英语学习能力。例如，在教学"Where did you go on vacation？"时，教师可鼓励学生以"我的向往之旅"为主题进行演讲，解答"Why choose to travel there？""Where is its beauty？""What are the travel plans？"等核心问题，学生亦可说一说以往的旅行经历，有条件的学校还可组织学生到附近的景区游玩，基于实践活动引导学生表达，确保学生表达的内容充满真情实感，在演讲或口语交际中有话可说，达到提高学生英语课堂参与度的育人目的。

五、提升学生课堂参与度的路径

（一）转变教学思想

教师提高学生在课上的参与度要坚持育人为本，加强剖析学情，确保学生对英语教学活动能产生兴趣。除育人为本外，初中英语教师还可推行多学科联动的教学思想，打破英语教学活动中的壁垒，在科学、数学、美术等学科内容的支撑下提高学生课堂参与度。例如，在教学"Will people have robots？"时，教师可率先组织学生阅读3—4篇与智能人工科学技术有关的英语短文，使学生能在对机器人世界的憧憬驱动下高效阅读，从中提取信息，并围绕"机器人是否能代替人工""未来机器人是否能大范围普及"等话题进行讨论，将群文阅读成果转化为论点与论据，助力学生积极参与英语教学活动，还可提高学生的阅读能力、信息处理能力、思维能力等素养。

（二）增加参与机会

学习动机是学生学习的驱动力和催化剂。在初中英语教学中，教师应从学生参与课堂的角度出发，增加学生课堂参与的机会，调动个体学习的内在动机，提高学生参与课堂的积极性。具体来讲：第一，教师以兴趣为重点，调动学生参与课堂的热情。学习动机的产生源于对所学内容本身发生兴趣。在兴趣的引导下，学生会不断鼓励自己参与学习活动，突破学习困境，提升学习效率。例如，在"My favorite subject is science."的教学设计中，教师模拟学生的课堂学习情况，利用多媒体加以展现，并设计对话练习，促使学生在熟悉的场景中产生学习的动力，并尝试用"My favorite subject is..."创编对话，提高学生的学习能力。第二，设计学习机会，增加学生学习效能感。教师应该在课堂上设计具有挑战性的任务，让学生根据内在发展的动机产生挑战的欲望，同时教师还应增强外在的刺激，适当给予学生一定的肯定和表扬，让学生在内外动机结合的过程中主动参与课堂，形成良好的学习效能。

（三）创新育人方法

创新育人方法是提高初中英语课上学生参与度的必由之路，一方面教师要颠覆灌输式教学旧态；另一方面教师需积极引用新教法，赋予英语课堂无限生机，为学生参与教学互动提供条件。例如，教师在教学"How do you make a banana milk shake？"时可采用信息化的育人方法，借助网络为学生播放一些美食制作短视频，鼓励学生阅读课文并掌握基础知识，在此条件下选择自己喜欢的视频进行英文讲解，会用到"turn on，pour，add"等短语与生词，掌握数量词修饰语、单位词修饰语等英语知识的用法，继而在学生用英文介绍美食制作流程的同时提高其学习效率。为使信息化的育人方法更加有趣且参与性较强，教师还可鼓励学生用英文给短视频配音，保障美食制作的每一步均清晰明确，学生亦可发现自己的错误，如用"a little"修饰了可数名词"egg"等，继而助其对英语基础知识加深印象，在学生参与教学活动的过程中落实育人目标。

（四）引导合作学习

在开展初中英语教学过程中，教师应当转变自己在英语教学中的角色。在新时代的教育背景下，越来越多的教师选择在课堂中运用合作学习的模式进行教学。随着合作学习模式的进行，教师并不仅仅是一个只会教授知识的角色，在小组合作的学习模式中，教师在很多情况下是一个参与者和引导者。学生在小组内部的沟通和合作，也需要教师的点拨和指导。通过分工合作的方式为每个学生安排学习任务，并利用任务驱动吸引学生参与团队合作，并利用共同学习的氛围激发学生的学习动机。采用小组形式的合作学习，可以让学生在组内共同学习交流，提高课堂问题的解决效率，增进学生之间的信任感，激发学生之间的合作与竞争意识，提升学生的课堂参与效果。为确保小组内各个成员都主动参与学习，教师要求每个组员根据问题表达自己的学习思路，然后在组内交流共享，各抒己见，让每位学生理解彼此的问题，共同制定学习方案。这样可以刺激学生自身的合作创新精神，提高学生课堂学习的积极性和效率。

（五）重视师生交流

教师是课堂教学的主导者，教师在课堂中的一系列行为都会对学生产生直观的影响。融洽的师生关系既可以充分调动学生的课堂参与意识，又能够调动起学生的学习动机，从而整体提高学生在初中英语课堂中的参与度。首先，教师应加强学习，丰富英语知识储备。在当前跨文化交流背景下，学生日常接触英语的机会越来越多，对英语学习的要求自然也不断提高。基于此，教师在课程教学中不仅要立足教材内容，帮助学生夯实英语语言基础，还要与时俱进，不断学习，丰富知识储存，为学生提供多元化的学习内容，吸引学生的关注，调动学生的课堂参与积极性。其次，教师应尊重学生，关心学生英语学习的同时，注意学生其他方面的发展。在英语课程教学中，教师要扮演亦师亦友的角色，在学生遇到学习困难时，引导、启发学生自主突破学习障碍，提升学习水平；与学生建立平等的关系，用教师的人格魅力感染学生，以达到"亲其师，信其道"的目的，吸引学生参与课堂学习。

总之，在初中英语教学指导中，教师应采用多种策略调动学生参与课堂学习活动的内在动机，提高课堂教学对学生的吸引力，预防可能会导致学生课堂参与度降低的问题，不断优化课堂教学设计，提高学生的课堂参与积极性，促进初中学生英语能力的提升。

第三节 加强课堂教学互动

传统的课堂教学已经无法适应这个时代，更无法适应新课改所提出的新要求、新方向。初中英语课堂教学需要进行不断的优化，从而真正与现代新课改的指向以及素质教育的理念相符，让课堂有生机也有活力，以学生为主体，让教学更有价值和效果。随着新课改的深入推进，初中英语课堂从教学环境、教学方式以及教学手段上都在不断地变革、创新，其中互动式课堂教学模式就是一种新型教学模式，能够有效提升初中生课堂学习活动的积极性。互动教学主要指在教学实践环节，教师以学生为主体进行课堂设计，并将教师与学生、课本与学生、教师与课本进行有效的连接，提高教学质量。

一、互动教学法的内涵

互动教学法是让学生在学习中主动学习探究，主动学习自主合作，旨在让学生在学习过程中，为了顺利完成共同的一项学习任务，经历自主参与实践、探究、合作交流的三个阶段，有明确集体责任感和工作分工，也是一种互助性学生合作交流学习。它特别强调的是学生学习的一种主体性、亲历性、参与性与合作性。在学生实践交流学习以及实践交流活动中，可以充分发挥每个学生的优势，让学生能够更加积极、主动参与责任，学生能够对互动教学模式进行充分的理解，并成为课堂交流与沟通的主人，学生之间对各种问题的交流、验证、争论等，对于学生的英语水平提升有极大的帮助。

在互动课堂中，特别是在新课程教学改革的大背景下，英语教师需要不断创新自身的角色，从之前的课堂主导者，转变为课堂引导者，引导学生仔细认真探究研读现有英语课程教材，巧妙运用设疑解疑，培养初中生积极、自主进行各种具有探索性质的互动学习能力，这对不断创新拓宽培养初中生的学习基础知识的思维和新视野，启迪培养初中生的各种创新意识等可以起到一定的推动作用。

互动课堂教学模式主要是由英语教师利用已有的英语专业知识和课堂教学实践经验，新颖而独特地提出课堂教学问题，让学生解决教学问题，教师提出新课堂教学实践概念、新课堂教学实践思想、新课堂教学理论解释、新课堂教学实践理论、新课堂教学实践规律、新课堂教学方法等，培养学生的英语综合能力。

二、加强课堂教学互动的意义

（一）促使学生畅所欲言

让学生畅所欲言是学生拥有话语权的重要表现。当学生能够就自己的想法进行畅所欲言的时候，学生便获得了某种程度上的自由与自在，如何才能使学生在英语课堂中畅所欲言？须知互动教学法是一种包含了多重互动形式，诸如师生互动、同桌互动等，能够使课堂教学更高效。教师在教学中若能有效地利用互动教学法，那么就能够促使学生畅所欲言。有鉴于此，初中英语教师应主动地认识到互动教学法的价值，并将其纳入英语教学之中。

（二）实现师生关系的优化

在初中英语课堂中，教师是教学的引导者、主导者，是对学生进行指导的组织者、参与者、合作者，而学生是整个教学的主人。教师在课堂上有效指导学生学习，利用多种手段充分调动学生的主体性，优化课堂教学，引导学生由浅入深地进行英语学习。在学生遇到困难或者疑惑时需要教师加以指导。在英语课堂中，构建和谐师生关系已成为优化课堂的基础条件，加强课堂教学互动，有助于构建平等、民主、和谐的师生关系，让整个教学氛围更宽松，给学生带来愉悦的心理感应，使学生将自己的状态调整到最佳，开阔思维，积极习得知识、分析知识、学习知识、运用知识。教师以良好的形象出现在学生面前，其亲和力和人格魅力自然成为学生学习英语的第一个重要影响因素。学生在学习过程中出现了何种问题或者困难，作为教师都需要循循善诱地加以引导，捕捉学生身上的闪光点，及时对他们进行鼓励、肯定和表扬，增强他们学习英语的信心。

（三）营造和谐的氛围

在现代英语教学中，教师必须在英语教学活动中努力营造民族性、平等性、自由性、和谐性、愉悦性的英语教学氛围。只有通过这种和谐、轻松的课堂学习和英语教学环境，师生关系才能自然地达到最和谐的境界。这种教学环境不仅能促进学生对英语知识的深入学习，而且能促进教师因材施教，从而达到一举两得的教学效果。在初中英语教学过程中，英语教师也是一名英语导演，要主动地深入走进每个学生，与每个学生融为一体，通过这种近距离的互动接触和互相交流才能让每个学生感到信任和依赖，并且在英语教学的整个过程中一定要不断地给予每个学生新的现代英语教学知识，满足学生强烈的求知欲望，让学生自己能够不断有更多新的发现，让每个学生在接受英语教育学习的过程中能够得到英语综合能力的提升。教师要充分利用与学生之间的这种长期友好关系，都在激励各位学生学习意愿中一起学习、共同进步，并且在教学的过程中，要认真听取其他教师的意见，及时进行改正。同时这种和谐的课堂氛围，又能够充分突显学生英语学习的主体性，让学生在以后的课堂学习中都更能够大胆地发表自己的意见和不同看法，使学生在宽松友好的课堂学习环境氛围中深刻感受和亲身体验学习到英语之美。

（四）增强学生的自信心

新课程教学质量标准明确指出：初中学生是课堂学习的重要主体，教师通常是以一名教学指导者的重要身份突然出现在整个课堂教学过程中的。这就必然要求每位教师要不断改变传统的课堂教学方式，建立师生之间的和谐人际关系，通过这种互动式课堂教学的良好教育方式来努力促使每位教师和学生之间始终能够愉快、和谐的发展与和平相处，并且教师要创造机会、提供展示舞台，让学生发挥聪明才智和丰富的想象创造能力，带动学生主动、积极参与融入更多的课堂教学活动中去，在长久的师生合作与交流中也要让学生的综合整体素质水平得到一个质的提高。

三、互动教学在课堂教学中的运用

（一）重视互动教学

教师在课堂上要与学生开展互动，同时也要强调互动的方式、互动的质量、互动的时机。在传统的教学过程中，虽然教师通过提问、课堂讨论等不同形式进行了课堂中的师生交流，但交流的内容不够科学、交流的方式不够有效，影响了互动教学实践效果的发挥。初中阶段学生的英语学习存在现实的困难，而教师要利用该阶段培养学生对英语学习良好的兴趣，组织互动教学。要重视学生的参与，要重视针对学生的问题进行教学调整。为了确保学生利用英语进行交流，使学生对所学习的英语进行实践，教师可以在课堂教学中采用小组划分的形式，通过小组学生对课堂内容进行探究，组织具有特色的互动来提高学生英语实践技能的训练效果。

教师也可以在互动教学环节，通过生活情境的创设，通过实际生活与英语学习之间联系的构建激发学生主动参与整个互动环节，也减少学生对英语学习的恐惧、胆怯心理，在学生正向的驱动下，使其更主动地参与互动学习。教师在互动教学时要认识到互动教学开展的必要性，也要不断调整互动教学的实践方式，引领学生主动参与课堂实践活动，同时在教学设计优化环节，与学生开展沟通交流，明确学生的教学反馈，在学生实践参与课后讨论自主学习的基础上保障英语互动教学的质量。

（二）课堂合作学习

在当前英语课堂教学背景下，可以通过建立良好的师生合作平台，来帮助促进课堂师生之间的主动交流，教师可以通过主动组织课堂学生之间的交流、参与课堂师生互动等，来打造一个能够促进课堂师生主动交流参与互动的课堂学习工作平台。首先，在学生进行实际课堂学习时，教师通常需要通过让每个学生充分地深入清楚了解师生合作学习方式进行学习的主要任务，引导每个学生初步清楚并找到正确地进行课堂综合学习实践活动的方向和课堂综合教育实践活动的方法。然后，通过课堂上师生之间的主动交流与互动，引导学生初步确立适合自己英语学习水平的学习目标，并在课堂中不断进行交流与沟通，使每个学生的课堂综合学习以及实践活动更加高效。

（三）设置互动活动

当前英语教学环节师生之间的互动很有必要性，但部分教师对互动的形式并没有重视。教师在与学生互动过程中强调通过教师提问、学生回答的方式来达到集中学生注意力的目的。该种互动虽然有了形式，但由于互动的内容没有科学地设置，互动的形式没有有效地选择，整体的互动效果较差，也难以通过有效的互动促进学生对知识的高质量理解。因此教师在互动教学实践环节可以通过互动活动的设置，让学生在活动中对个人英语实践技能进行训练，既保障学生在真实情境下更好地理解英语语言知识、英语文化背景，又通过身临其境的情境参与，使学生在交际交往的过程中，对于个人的英语技能进行训练。互动活动的开展能有效地活跃课堂的教学氛围，而教师与学生之间开展沟通，也能通过轻松、愉悦的氛围降低学生对英语表达的抵触心理。学生在参与活动的过程中，根据个人的优势、特长，在自主安排、有效准备的基础上，以相对较突出的表现，在课堂上形成较好的参与效果，可以有效地树立学生的英语学习自信心，也可以激励学生在生活实践中利用所学英语知识进行表达。通过学生参与英语实践有效课堂互动，在培养学生兴趣的基础上，也为学生英语水平的提高、英语实践能力的提升奠定基础。

（四）利用相关问题

学生学习的主动性，具有十分重要的意义。在教学中，教师可以利用相关的英语问题，让学生进行思考，并对解决策略进行积极的探讨，这是学生形成自身的思维逻辑以及提高学生英语表达能力的关键。虽然初中生已经养成一定的学习习惯，但是和其他年龄段的学生一样，初中生也需要一定程度的监督和良好的学习氛围。教师在教学时，可以利用问题，激发学生的探究欲望与主观能动性。

（五）完善评价机制

互动教学是较新颖的教学实践手段，而互动教学也在不断地摸索、不断地调整。针对互动教学对教师、学生提出的不同要求，教师也要在教学评价环节主动优化评价方案，提高评价的科学性。互动教学并不是单一地强调学生对课堂上教师问题的回答，更强调学生在学习中的自主性、互动的参与质量、参与积极性。互动教学强调学生的口语练习，强调学生的英语表达，而互动教学也可以为学生提供深化知识、锻炼语言的机会。因此教师在对互动教学进行实践环节要从多元的人才培养方向出发，进行互动评估机制的制订，通过过程性评价与终结性评价相配合的评价模式，既确保学生可以通过互动实践的参与达到能力的训练，又确保教师可以在学生参与过程中，通过仔细观察对学生的学习问题进行归纳，以获得的信息来指导互动调整。

（六）运用信息技术

在进行英语教学的过程中，老师要充分利用课本的内容，选择适合学生阅读的文章对学生进行教学，帮助学生理解文章。教学的过程是一个多方面结合的过程，老师要针对学生的实际情况对教学内容进行编排，确保教学内容能够切实提高学生的阅读水平。老师可以将生活中的一些现象融入课堂的教学中。例如在学习"This is my sister"内容时，教师可以利用信息技术手段，向学生展示国内外一些相关的教学视频，向学生呈现英语环境，激发学生的兴趣，通过形象化的视频，引导学生进行表达，加强师生之间以及学生之间的互动。除此以外，老师还可以利用信息技术，从网络资源中找出一些和教学相关的内容，对教学的内容进行一定程度上的拓展，丰富学习内容，深化学生的知识体系。在进行多媒体资源教学的过程中，老师还可以培养学生的阅读能力，将一些阅读的技巧方法在课外教学资源中进行标注，运用具体的句子以及语言环境，让学生对阅读的技巧有一个明确的了解，从而提高学生的英语综合能力。

初中英语互动教学实施要不断地摸索与创新，而互动教学的实践组织也要尽可能避免课堂的单一方法。通过将简单枯燥的理论教育转化为生动具体的课堂互动，加强教师与学生之间的联系，在转变理念、设置活动、完善评价的活动教学实施策略应用下保障整体初中英语的教学质量。

第四节 注重课堂提问技巧

随着我国教育事业的发展，素质教育和新课程改革政策已经成为现阶段各级各类学校的主要教学理念和教育方针，教学手段和教学形式也处在不断创新和实践的过程中。在新课程标准中，良好的课堂提问是非常重要的教学方法，课堂提问可以提升学生的思维能力，是课堂上必不可少的互动形式，所以教师在教学过程中要重视课堂提问的技巧，并要加以利用。课堂提问是英语教师首选的教学方法，通过在课堂上进行提问来提高学生英语的各方面能力。

一、课堂提问在初中英语教学中的作用

英语在实际的教学之中已经占据了十分重要的地位，课堂上"提问"是一项至关重要的环节，其作为与学生沟通互动的纽带，课堂提问能够对学生把握所学内容的程度进行检验，很多老师开始关注课堂提问。初中英语教学中，怎样利用课堂提问是广大英语老师需要掌握的技能。

（一）吸引学生兴趣

在实际的英语教学应用中，如果教师能够在教学中合理地加入课堂提问，学生就会产生下一个就提问到自己的紧张感。而这种轻微的紧张感有利于学生集中注意力，听老师的提问与同学的回答，从而使学生对重点记忆深刻，当然提问到某一学生，其他学生为了了解提问进度，会去主动翻课本和教材，以防下一个提问到自己，这种紧张的刺激感会给学生带来愉悦感，促使学生产生对英语知识学习的兴趣，加深对课堂知识的学习。

（二）激活学生思维

课堂提问，可有效引导学生从特定角度展开思考，促进理解和掌握教学知识，从而发挥举一反三的机制，灵活地利用所学解决问题。即便学生未能答出理想的答案，教学提问仍旧能够通过思考和解答，锻炼他们的逻辑思维能力。

发散性思维也是新课堂改革的优势之一，在课堂提问技巧中也体现了这一点。初中学生学习英语的时候，要记忆一些单词和语法，由于不是母语，所以很难自己去思考更广范围的内容。而教师的课堂提问避免了学生一味地死记硬背知识点与内容，让学生根据老师提问的内容进行发散思维，通过自主思考问题进行头脑风暴，也可以锻炼学生思维能力对学生的语言学习很有益处。

（三）巩固学生知识

其实在课堂上学生已经多多少少学到了一些知识，所以课堂提问就可以用来巩固已经学习的知识。课堂提问是老师了解学生对知识内容掌握情况的有效途径，

更是帮助学生对所学知识巩固的过程。在交流的过程中，学生的英语知识得以巩固，从而加深了他们对知识的理解和记忆。在初中英语教学中，教师可以合理地运用课堂教学提问对上一课的教学内容进行复习与回顾，这样不仅能够有效地强化学生短期记忆，在一定程度上也间接的帮助学生完善了知识体系的前后衔接，从而有效地加强学生对初中英语知识的内容的掌握和理解，进而促使学生实现新旧知识的更替和衔接，进一步地完善知识体系，强化学生对新知识的理解和学习效率。除此之外，教师在教学新知识内容时，也可采用有效提问的方法，引导学生回忆旧知识点，促使学生从原有的知识经验和认知经验出发，更加深入地探究解决问题的有效方法与策略，从而在发散学生思维的同时，促使学生的英语学习能力实现进一步的发展与进步。

（四）启发学生能力

课堂提问是一种经典的教育方式，从古至今都是课堂中老师与学生互动、相互启发的一种必不可少的形式，直至今日，这种教学方法仍然至关重要。尤其是在英语教学中，英语这门学科具有较强的逻辑性，课堂提问能循序渐进地启发学生思维，可以有效地帮助学生掌握英语的学习技巧和方法。

（五）及时反馈课堂

教师的"教"与学生的"学"是互动的，教师需要在全面掌握学生学习情况、知识掌握程度以及动态发展情况的基础上才能够取得较为高效的教学效果。因此，在新时期的初中英语教学中，教学反馈至关重要。而在初中英语课堂教学中合理的应用提问技巧，教师则能够快速、高效、实时地对初中生知识掌握程度进行检验，更好地把握学生的学习情况和动态发展情况，从而在师生的互动问答中获得侧面的教学反馈。教师提问的内容是需要有一定的依据的，是根据教学目标突出重点内容来进行的。但这也是一个循序渐进的过程，不能上来一个难题难住学生，毕竟教学的目的不是为难学生而是让学生学习到知识。所以在课堂提问的时候教师要由浅入深地提问问题，根据学生给出的反应来大概估计学生对课堂内容的吸收情况，在此基础上进行重难点以及掌握不熟练的地方的补充说明，这时课堂提问就起到了及时反馈课堂的作用。

（六）调节课堂氛围

课堂提问对整体课堂氛围有一定的调节作用。若氛围较为紧张枯燥，老师使用幽默的语言展开提问，可极大的活跃班级氛围，令学生的学习更为轻松愉悦；

若氛围很混乱，老师提出精选的问题可有效集中学生的注意力，激发学生的学习兴趣，营造优良学习氛围，增强授课质量。这样一来，便能够使课堂教学节奏疏密结合、张弛有度，学生的学习压力和学习负担也会相应降低，学习效率便会得到有效的提高。

（七）促进学生思考

在教师提出问题后，教师应该根据问题的难易程度以及学生学习能力的强弱，给学生充足进行思考的时间。让学生能够在思考过后给出答案，这样不仅能够锻炼学生探究思考的能力，还能够有效地帮助学生进行深入的思考并对于知识进行更深层次的理解，由此能够大大提升教学效果。因为教师给学生充足的时间进行思考，所以学生能够在解答过后找到学习的乐趣，进而促进学生对于英语的学习兴趣，并能够在兴趣的驱动下进行深入地学习。

（八）明确教学目标

课堂的提问并不是教师随意地提出，而是由精准的目标，以提问的方式引导学生进行学习和探究。于此，教师问题的提出可以围绕教学的重心内容进行提问，或者对于学过的知识进行与新知识的联系，或者通过问题进行新课的引入。对于学生的提问一定要围绕教学的目标进行相关知识的提问，可以让学生进行知识的总结，通过对于问题的总结，不仅能够加深学生对于知识理解和掌握，还能够有效地帮助学生进行知识的记忆。明确的目标能够帮助学生对于新知识进行梳理性的学习，进而能够促进学生学习效率的提升。

三、初中英语教学课堂提问的误区

对于初中生来说，课堂提问对初中英语以及各科的学习都有益处，但前提是课堂提问一定要符合学生的年龄特征与心理期望。这就反映了某些初中教师在课堂提问时存在的一些误区。

（一）提问环节较少

在很多初中学校，传统教学模式依旧十分盛行，老师在课堂中还是运用传统的方式让学生去学习英语，往往采取灌输法，来呈现一堂课的内容，这样一定程度可以传授知识，但是这样的教学方式难免枯燥，强行灌输的后果可能是灌输不进去。很少有针对性、专业性地去提问学生。如果老师在课堂中不向学生提问一些比较有见解性的问题，那么学生的相关能力的培养过程相对来说就比较慢，师生之间将会缺乏比较流畅的交流沟通，缺乏足够的互动环节，学生的学习积极性和主动性将会大大降低，也很难提起对学习的兴趣。

（二）问题设置不合理

首先是对课堂提问时问题的难易程度把控不到位，问题的过难或者过易都会给学生留下某一章节过难或者过易的概念，使他们对该章节的认识不够清楚。其次，套用其他教师模板，使用别的教师总结的课堂提问问题，虽然对教师来说借鉴别人的内容很容易，但是可能存在一些问题让学生产生不适应、不习惯的困扰。最后教师给提出的问题设定唯一答案或者标准答案，无视学生的发散性思维，让学生觉得初中英语课又难又无趣。

（三）提问缺乏公正性

课堂提问是一种能够有效活跃教学氛围，调动学生学习积极性和锻炼学生思维能力的教学方法。但大部分初中英语教师在教学过程中进行课堂提问时，往往会将学习成绩较好和学习能力较强的学生作为主要的提问对象，对于其他学习成绩一般或学习能力较差的学生，教师对他们的提问频率便会骤然降低，这严重挫伤了学困生的学习热情和学习兴趣，从而影响了他们的学习积极性和主动性，这种教学形式是十分不利于全体学生共同发展的。

（四）问题缺乏有效性

1. 问题缺乏调动性

一些教师在提问题的时候，主观性过强，过多地从自身认知角度出发提问，而没有综合考虑到学生的学情水平限制，当教学提问超出了学生的认知范围，这样提出的问题便是无效的，无法有效激活学生的思维，导致课堂缺乏活跃性，教学效果自然差强人意。

2. 问题缺乏思维发展性

一些教师在提问题的时候，大多围绕显性知识提问，也就是说提出的问题过于简单，这些问题的答案在教科书上便可以轻松找到。这类问题不具备思维发展性，即便提问的数量再多，也不具备提升思维能力的作用。

3. 提问缺乏传递性

有些教师在提问时，多以口头为主，导致部分听力较弱的学生形成了接受障碍，特别是当教师的语速过快时，学生接受提问信息时就愈加困难。

4. 问题缺乏启发性

教师在实际的授课之中，问题的提出较为随意，通常问题的回答方式也只是"Yes"或者"No"，这对于学生来说只需要随便给出教师回答即可，并不需要关乎答案的对错。于此，不仅失去了提问的主旨目的，还会影响学生对于英语学习的注意力。长此以往，使得学生很难集中注意力听讲。并且，逐渐学生会对于英语的学习产生随意的心理。

5. 问题缺乏专业性和针对性

目前英语教师在英语提问环节存在的主要问题是提问的内容大多缺乏专业性和针对性。如老师在对某一名学生进行提问而忽略了对其他学生的照顾，或者对某些学生进行固定的提问而导致出现学生间发展不平衡的问题。另外，导致提问内容缺乏专业性和针对性的一个原因是老师在课前没有对课堂教学内容进行充分的分析和准备，课堂提问很随机，导致专业性和针对性比较弱。

三、初中英语教学课堂提问的注意点

（一）教师应注意提问的严谨性

英语学科是一门语言，应该多交流，在交流的过程中学习和巩固所学的知识，而教师作为学生的引导者，更是与学生交流的发起者，所以在提问的过程中所提的问题要具有严谨性、目的性，通过所提的问题要达到教学效果。所以这也要求教师拥有严谨的逻辑观念，设置切合实际的问题链条，有条理地深化问题的深度，让学生清晰、有目的性地思考和回答问题。

比如，在引导学生学习"Do you want to go to a movie？"时，首先教师应该将句子拆开，帮助学生了解单词的意思，然后再引入句子，进行整句话的翻译和理解，之后就是向学生发起提问，并且要发散性提问，比如"What did you feel when you saw the Spider Man？"这就是一个发散性的问题，没有固定的答案，引发发散性思维，进而带动他们学习英语的兴趣，从而加深学生对知识的理解。

（二）注重对问题的针对性

英语教学需要教师有较强的逻辑性，而且在课堂教学过程中要掌控全局，尤其是对自己所发问的问题要有针对性，教师的逻辑混乱会导致学生的思维受到影响，甚至会混淆学生对知识的理解。所以教师在课堂上的提问要具有针对性，在提出问题时明确主题，进而引发一系列的层次性问题，比如，在学习"Joining the club"时，教师可以利用多媒体教学手段找一些关于乐器的图片，让学生对乐器英语的单词进行了解，再结合教材内容进行讲解，这会让学生对此产生深刻的印象，进而提升教学质量。

（三）注重提问的时机

课堂上教师要把握提问的时机，在课堂刚开始的时候，教师提出问题，对学生具有一定的引导性，学生带着问题学习内容，对学习有一定的兴趣，为教学导入做好铺垫；而在课堂中间阶段提问，这就是逻辑性的提问，帮助学生启发思维，对所学知识进行补充和加深；而课堂最后的提问，就是总结性的提问，突出课堂的重点，进行总结。而除了这几种提问时间之外，教师还可以灵活运用提问技巧，当学生的情感和氛围正处于高涨的状态时，教师要把握提问的时机，以保证学习氛围的稳定，在此时提问可以有效提高学生的学习热情，进而提高教学质量。

（四）创设问题要具有梯度性和预见性

课堂提问是老师检查学生学习成果的手段，是老师检验自己教学效果的途径，更是有效提高英语教学的一种有效方式。但是教师的提问不仅需要严谨性和针对性，还需要具有梯度性和预见性，学生的能力各异，对所学知识的掌握更是参差不齐，不能以一概全，所以教师也应该因人而异，保证学生全面发展，让每一个学生都能够在提问中收获知识，提高自我。在提出问题时，教师应该有明确的预见性，问题并不是随时随意提出，要有所准备、切合实际，多站在学生的角度思考问题，根据学生自身的特点提出相关的问题，让学生能够通过问题了解自己的不足，不断完善自己。所以，因材施教绝对不能抛之脑后，要让教师重视起来，更要在提问中有所实施。

四、提问技巧在初中英语课堂教学中的应用

（一）明确问题，直接提出

在进行课堂提问的时候，初中英语教师要牢记一点，提出的问题一定要明确针对某一问题或者现象，学生注意力集中的时间本来就有限，试想在学生做好准备后教师却迟迟没有抛出问题，学生的注意力自然会随着时间的流逝而涣散，所以在提问时，一定要让学生明白教师提问的问题是什么意思，不可做过多的铺垫混淆了主次，画蛇添足只会让学生更加迷茫。

（二）提问循序渐进，逐级深入

通常来说，学生都是通过先易后难和先简后复的方式，来认知事物规律，学习知识。因此，教师在开展初中英语教学的时候，也应充分遵循这一规律，做到循序渐进地展开教学。在初中英语教学中，学生对英语整体的认知还不完善，对英语的掌握也不太牢固，词汇量与语法的掌握也有限，所以问题的提出要由浅入深，慢慢深入内容，当然这与直接提出问题并不矛盾，但是要注意问题提出的方式，不可过于困难，否则容易打击学生的自信心与学习英语的兴趣。也不可过于简单，否则会让学生误会英语学习的难度。最好的方式就是结合教材恰当地由浅入深。

在进行课堂提问时，一定要注意提出的问题是否具有引导性和渐进性，在开始的提问通常要具备简易性和引导性，如教师一开始提问学生是否知道户外运动，这在一定程度上可以考查学生对于该知识点的认知水平，教师可根据学生们的回答来调整后续问题的难易度。当学生给出了预期的回答后，说明学生们的学情水平较高，则可持续提升问题难度，当问题难度超过了学生们的学情范围，教师就可以停止提问，并通过个人讲解和引导，帮助其增加见闻，开拓学生的知识面。

（三）提问要具有趣味性和目的性

能引起学生的注意力的只有他们自己喜闻乐见的事情，枯燥无趣的繁杂知识是学生对学习不感兴趣的根本原因。而英语作为一种语言学科，自然要记忆一些枯燥的单词与语法等。所以为了吸引学生的注意力，提问技巧中问题的设定要有一定的趣味性，教师在实施课堂提问的时候要谨记，要想让学生更好地集中注意力去吸收知识，让学生去思考课堂知识以及老师提问问题的内容就要先吸引学生的眼球。

英语教学中，课堂提问并非可有可无的。初中英语课堂提问有效性的实现需重视课堂提问的目的性。首先，开拓学生的思维发展。日常教学中，英语老师的课堂提问需遵循启发性的原则，该问题无法从书本上直接找到答案，但和主题知识紧密相关，需要学生通过思考后才能解答，由此可极大促进学生的思维发展。比如，学习到"Teenage problems"这一单元知识时，老师可提出"What should you do if your best friend doesn't understand you？"等启发性较强的问题，使其在思考探讨中不断开拓思维。

其次，提升学生的综合素养。所有课堂提问与教学都有一个共同目的就是推动学生的综合发展，提升其综合素养水平。老师需要意识到这一点，在提问时要充分结合学生的实际特征与爱好，提问的形式须合乎学生的要求。比如，学习到"Great people"这一单元时，老师可提出"What can we learn from the great people？"这一问题，鼓励学生通过对这些伟人的学习，形成勤奋努力，坚持不懈，顽强拼搏的良好品质。

（四）提问要具有启发性和思考性

教师在实际的教学之中，要充分的注重问题的提出以及学生对于问题的思考。具有启发性和思考性的问题，能够帮助学生加深对于英语知识的学习和探究，进而使得学生能够自主地进行对于英语的学习。只有学生拥有学习的自主性，才能有效地提升英语的教学质量，达到理想的教学目的。例如，"What were you doing when the UFO arrived？"的教学过程中，教师可以提出"If aliens come, what do you want to do with them？"类似的问题，进而学生会思考如果外星人来到地球，会想和外星人一起做什么，学生通过想象会得出各种各样的答案，并且教师在要求学生运用英文给出答案的时候，学生会根据自身想做的事情进行英文的翻译，从而促使学生自主地进行对于英文的学习和运用。同时，能够在教师的帮助之下，促使自身的英语口语能力以及自身的知识视野得到提升和拓展，并能够以此达到理想的教学目的和质量。所以，教师问题的提出一定要符合学生的实际情况，帮助学生成长和发育。

（五）提问要契合学生的知识经验

教师在开展英语课堂教学的时候，应充分考虑到学生的认知水平，在设计课堂提问时要充分契合学生的知识经验，并认识到学生已有的经验在新知识学习时发挥的作用，通过有效提问在新知识与旧知识之间搭起一座桥梁，并拉近学生生活经验与课堂知识距离，以此引导学生进行有效学习，构建温故而知新的学习平台。

例如，在"Welcome to our school！"一课的教学中，本课主题为"欢迎来到我们的学校"，为了更好地拉近师生间的距离，教师可以扮演了一名刚刚转到本校本班的转学生，邀请班级中的同学带他介绍一下学校。于是，教师先自我介绍："Hello, I am Liu Ming.I just came to this class.I hope to be a good classmate with you all."接着提出问题："Where is the school hall of our school？ Where is the canteen？"或是"What is the motto of our school？ Who is the principal？"接着，让学生来接待这位"新同学"，为其介绍学校的大致情况、体育场和食堂的位置

以及校长是谁等等。如此提问更贴近学生的实际经验，学生可以结合自身已知经验运用所学的知识去回答问题。这样的课堂提问才能凸显其有效性，不仅可以有效调动学生的发言兴趣，还可充分拉近问题与学生已有经验的距离，引导学生展开对既往知识的梳理和运用，从而起到温故而知新的教学目的。

（六）兼顾不同层次学生提问

在课堂提问中，教师最好不要提问过于简单浅显的问题，过于简单浅显的问题没有提问意义，很容易被解答，虽然在一定程度上可以吸引学生踊跃举手和回答，但根本不能起到锻炼他们思维的作用，特别是一些高阶思维能力。但每个班级中，学生的英语基础也存在不同差异，有的基础好，有的基础差，教师应深度研究与挖掘教材知识，适度把控教学难度，让不同层次的学生思维都能得到锻炼。

例如，在"My day"的教学中，教师以此为主题，引导学生利用既往所学知识，来描述一下自己的一天。为了让学生有一个清晰的思路，教师可以通过提出问题，引导学生根据问题去思考和描述，如"What time do you get up today？ What time did you have breakfast？ And where did you go？ What did you do？ What time to go home？"等。接着告知学生，可根据自己的知识掌握水平，灵活运用掌握的词汇，不必追求内容丰富或词句繁复，只需用有限的词汇，表达好自己叙述的内容即可。在教师的循循诱导下，学生的叙述思路一下子打开了，都开始争抢着发言，要叙述自己的一天。

值得注意的是，教师在课堂提问的时候，要根据班级的整体学习情况，来提出符合整体学情水平的问题，比如学生基础较差，教师就尽量引导学生准确地进行描述即可。如果回答问题的学生基础水平高，教师便可以适度提一些难度较高的问题，如学生针对"What time did you have breakfast？"这个问题进行描述后，可进一步引导其描述："What did you have for breakfast？ Do you know how to make this food？"。此外，在提出问题后，学生们回答时遇到困难后，教师应该做好引导作用，通过循循诱导，打开学生的思考路径，促进其思维发展。

（七）关注提问本身的艺术性

课堂提问属于艺术性活动，实现有效的课堂提问，需关注课堂提问本身的艺术性。首先，要有清晰严谨的提问方式。初中英语日常教学中，老师的提问方式需清晰严谨，避免出现因问题传达不清，令学生思考出现歧义的现象。可以说，课堂提问有效性实现的前提是清晰严谨的提问方式，也会带动学生以正确的角度思考问题。比如，学习"Integrated skills"这一课时，导入环节老师可提出"Did Marie Curie win the Nobel Prize？"这一问题，而非"Who won the Nobel Prize？"这样的表述。相比之下，前者的提问更为清晰，学生也会找到思考角度，让提问针对性更强。

其次，提问对象要以多数学生为主。初中英语教学中，老师提问对象要以多数学生为主，带动课堂氛围的同时也提升了多数学生处理问题的技能。英语老师应适当走进学生中间，鼓励更多学生主动回答问题，可使用"Any other idea？"等来听取更多学生的观点，收获最佳的提问效果。

最后，要及时反馈学生对问题的解答。课堂提问后，面对学生给出的解答，老师需及时进行反馈。如果学生没有答对，老师需对其指引，而不是给予批评；如果学生得出准确答案时，需对其闪光点给予认可，使其对英语学习更有自信。

总之，在初中英语课堂中，教师应积极转变传统教育的提问习惯，坚持以学生为本的课程理念，重视课堂提问的教学价值，将课堂提问转变为重点教学环节，从学生的角度出发，设计适合班级学情的提问，同时积累提问技巧，提升课堂提问的有效性。

第五节 推动课堂合作学习

随着课程改革的不断深入，初中英语小组合作学习受到越来越多教师的重视。许多教师的教学理念也发生了较大变化，更加注重对学生的独立思考、自主学习及创新思维等能力的培养，以此来帮助学生更快适应社会生活，掌握所需的基本知识与技能。因此，在初中英语教学中，教师可以实施合作学习这一教学方式，以学生为核心，组织学生以小组为单位进行知识的探究、交流，让学生共同完成学习的任务，以此来提升学生的英语学习能力与效率，进而促进学生综合素质的发展，促进初中英语教学质量及效果的全面提升。

小组合作学习具有深刻的内涵，其主要是指为达到共同的教学目标，采取以小组为基本单位学生相互配合协作学习的教学模式，将其应用到初中英语教学中，可以发挥重要价值，激发学生的学习主动性。初中英语教师要与时俱进，探索有效的合作学习教学方法。整个初中英语小组合作学习过程中，教师应遵循以下基本特征，围绕同一个教学目标需要，划分任务，要求小组成员相互激励，朝着一个目标努力。小组合作学习过程需要师生、生生之间进行有效互动。初中阶段英语教学过程中，教师要更新教学理念，采取小组合作教学模式，科学划分小组，创设良好教学情境，改进小组评价方式，确保初中英语教学的高效性。

一、合作学习概述

所谓的合作学习，就是学生为了完成共同的任务，进行明确的责任分工，进行互助学习的一种学习方式。可以说，合作学习符合新课改的要求，全程以学生为中心，能引导学生将个人利益与集体利益结合，集思广益，形成互助、和谐的学习氛围，能让学生在完成教学目标的过程中形成良好的品质，锻炼学生的人际交往能力，从而收到最佳的学习效果。

当前的初中英语教学中，一些教师受应试教育的影响，习惯占据课堂的主体地位，对学生进行英语知识灌输，并且采用"题海"战术，只重视学生英语成绩的提升，导致师生之间的教学互动为教师单向知识传递，限制了学生的学习主动性与各项能力的发展。因此，在初中英语教学中实施合作学习，能够有效避免传统教学的弊端，同时能加强学生之间、师生之间的互动，促使学生在小组中积极交流，充分表达出个人见解与想法，并学会认真倾听他人的意见，这有利于学生之间产生思维的碰撞，更加全面地理解英语知识。这种教学模式有利于构建更加高效、有趣的英语课堂，能真正将课堂还给学生，让学生发自内心地接受英语，自觉学习英语，进而促进学生英语学习效率与综合能力的提升。

二、合作学习在教学中的意义

（一）营造良好学习氛围

在合作式教学正式开始之前，教师需要先进行氛围营造，在特定的前提条件和氛围环境下自然而然地让学生投入到合作学习的过程中，引导学生真正做到高效沟通，在沟通的过程中使合作学习的效率和质量得到提升。

（二）提高学生学习兴趣

在传统英语教学当中很多教师都在运用灌输式教学法，导致课堂教学过于乏味，学生在学习当中也逐渐失去了学习兴趣。现如今，越来越多的教师在教学当中采用了合作教学法，不仅可以活跃课堂教学气氛，还可以提高学生的学习兴趣。除此之外，开展合作学习模式之后，教师可以帮助学生转变自己的课堂地位，在课堂上学生可以以小组为单位进行交流，在交流当中学生可以提高自己的口语表达能力和英语核心素养。

（三）提高教学效率

在传统的英语教学过程中，通常是教师讲、学生听，在听课的过程中学习相关知识，教师对学生的学习情况缺乏了解，学生对教师的讲课内容存在疑问点也难以及时进行沟通。而合作学习组织的开展增加了交流环节和实践环节，在交流和实践的过程中让学生将自己学到的知识内容展示出来，在彼此交流的过程中深化他们对英语知识的了解，教师可以根据学生的讨论结果对现有的教学模式进行改进，调整讲课轻重点，有效提升课堂教学效率，为其今后的发展打好基础。

英语对于初中学生来说，毕竟是一门外语，在环境上缺少了熏陶的氛围，所以学校在教学的时候，更加要注意语言环境对学生的影响，在英语学习中植入小组合作的英语教学方式，不仅可以让学生们充分地体会到英语课堂学习的魅力，同时还可以让学生与学生之间互帮互助，共同学习，取长补短，相互促进。初中英语教师通过采取这种合作学习的英语教学方式，尊重了学生们的课堂主体地位，引导学生们充分地发挥了课堂的主观能动性，加深了学生们对英语合作课堂的认知，增强了学生们的英语学习积极性和主动性，激发了学生们的英语学习潜能。

三、课堂合作学习实施原则

在初中英语教学中开展合作学习，教师须按照一定的原则，以此充分发挥合作学习的作用与价值。

（一）主体多元化原则

主体多元化这一原则，主要是由多方进行小组评价。在整个教学过程中，教师、学生以及学生组成的小组是参与的主体。此外，不仅要发挥出学生的主体作用，还要展现出教师的引导作用，促使教师真正承担起合作学习的组织者、指导者的职责，能够在课前为学生拟定好小组评价的流程，以及各个环节的评价标准、奖励方式及评价方法等，并且在课堂上向学生说明，实现对学生的合作学习效果的公正评价。

（二）科学全面原则

可以说，小组合作学习需要贯穿英语课堂的始终，教师还要兼顾预习与复习，并将其都纳入合作学习环节中。因此，教师要遵循科学全面原则，要观察每位学生的合作表现及探究成果，以此来实现对每一位学生的合作学习情况的有效把握。同时教师还要关注学生的学习态度、学习习惯等，也就是说，教师既要对学生进行结果性评价，也要对学生进行过程性评价。

（三）自评与他评结合的原则

在初中英语教学中实施合作学习，教师就要确保小组合作学习符合教学目标，促使学生在合作学习中共同完成学习任务。因此，英语教师要坚持自评与他评结合的原则，为学生拟定小组评价的标准，调动起学生积极参与合作学习的兴趣与主动性，从而确保合作学习的实效性，在整体上提升学生的英语学习效率与能力。

四、初中英语教学中合作学习的实施策略

（一）明确教学目标

教师在合作学习开展的过程中通常先对需要讲解的内容进行简单介绍，对知识进行导入，在知识导入环节结束后，教师可以结合本堂课的教学目标设置合作学习任务，明确合作学习的任务主题，让各个小组的人员进行分工合作，在合作的过程中完成本堂课的教学目标。比如"Where did you go on vacation？"本节课的主题是以假期和节日为主，主要教学目标是培养学生的听力能力和口语能力。因此，在本节课当中教师可以通过小组对话方式来提高学生的口语能力和学习兴趣。

（二）科学划分小组

在初中英语教学中实施合作学习，教师就要为学生科学划分小组，以此来确保组内异质、组间同质，充分发挥合作学习的价值与作用，促使每一位学生实现英语学习能力与学习效率的有效提升。因此，教师可以按照以下三种形式将学生分组。

其一，教师要按照学生的实际英语成绩、学习能力、个性特征将其分成若干个小组，一个小组中既要有学习成绩好的学生，也要有学习成绩一般的学生，还要有学习成绩差的学生。这样的小组划分方式有利于小组成员间的互相帮助，共同提高，能更好地带动小组成员进行学习。需要注意的是，教师要对学生做好前期的思想教育工作，避免学习成绩好的学生骄傲，也预防学习成绩差的学生自卑，让学生树立人人平等的思想观念，以便每一位学生都能积极参与到合作学习中。

其二，教师可以按照座位，将学生划分成不同小组，便于各小组的人员及时展开讨论与互动。这种小组划分方式有利于维持课堂的秩序，能避免出现学生来回调换座位的现象。

其三，让学生根据兴趣甚至是学生间的关系自行分组，目的是尊重学生的喜好。学生在宽松、和谐的合作氛围中完成教师布置的任务，可能产生意想不到的教学效果。

在分组过程中，教师要控制好各个小组的人数，通常为4—6人一组，可以让小组成员为自己小组取一个大家共同认可的组名（如 Golden Group、Sunshine Group、Moonlight Group 等），以增强学生的主人翁意识和合作意识。同时教师要密切观察各小组的学习情况，必要时给予个别学生针对性辅导，如帮助学习成绩较差的学生更快地掌握知识，以此来激发学生学习的成就感。

（三）设置合作任务

在初中英语教学中组织实施合作学习，目的在于帮助学生更加高效地学习英语，确保每一位学生在英语课堂上有所收获。因此，英语教师就要根据具体的英语知识内容，为学生合理设置合作学习的任务。合作任务既不能过于简单，让学生丧失合作学习的乐趣，导致学生无法感受到合作学习的意义，也不能过难，导致学生产生退缩心理。教师要把握好"度"，激发起学生积极参与合作学习的动力，促使学生在小组内能够明确地分工，共同完成英语学习任务，获得愉快的英语学习体验，同时深化学生对英语知识的理解与记忆，实现学生整体英语学习效果的提升。

例如"What Would You Like To Drink"一课，主要是让学生掌握关于饮食习惯的表达及就餐用语，学会用英文询问一日三餐吃什么，同时复习已学的就餐用语。因此，英语教师就可以播放一段录音，引导学生认真聆听，指出录音中提到的食物与饮料，并且鼓励学生以小组为单位共同学习中西餐的文化与差异，以此来激发起学生学习本节课知识的兴趣与积极性，从而帮助学生在合作搜集资料、阅读文章及交流中，进一步巩固本节课的知识，实现学生英语学习能力与英语素养的有效提升。

（四）开展小组活动

在初中英语教学中，教师要不断强化自身的专业水平，提升教学水平与组织能力，以灵活运用合作学习这一模式，开展一系列的英语合作学习活动，为学生搭建展示自我的平台，创造出良好的合作学习条件，以此来确保合作学习的有效实施，进一步提升初中英语教学的质量及效果。探究能力是初中英语教学当中的主要目标，需要在学生合作当中慢慢形成。因此在教学当中教师需要引导学生积极合作，明确分工，在完成工作任务时要加强彼此之间的合作。在教学当中，教师可以发现部分学生的合作能力和默契并不是很高，部分学生的分析能力比较差，有的学生领导能力比较差，导致了在合作当中出现了很多问题。自主合作学习当中主要就是为了提高学生合作能力。学生在小组合作模式中可以互帮互助，促进探究式教学的发展。并且教师需要根据学生的年龄和性格特点和认知规律去探索问题，在设置问题的时候应该没有很明确的答案，让学生通过更多的方式去研究和讨论并提出新的问题。比如"What's the best movie theater？"本节课的教学难点是学生需用通过使用形容词和副词来形容人和事物。在教学当中教师可以把学生分成几个小组让学生以小组为单位去讨论自己最喜欢的电影，在选出一名学生做代表进行发言。

（五）凸显学生主体地位

小组合作学习是一种以小组为载体，以合作为旨归，以共赢为目标的有利于学生相互交流、相互分享的教学方法。在实际的教学活动中，教师不该要学生处于"封闭式"学习状态，应该让学生与学生之间进行良好的沟通与交流。而这一目标的实现则可以依托于小组合作学习这样的方法。学生以小组的形式进行合作学习的时候就往往能够获得事半功倍的学习效果，也往往能够更快地更好地掌握需要掌握的英语知识。与此同时，学生的主体地位也在不知不觉间得以凸显。

例如，教师在讲授"What does he look like？"这篇课文的时候，就主要扮演了引导者的角色，把大部分时间给予了学生，让他们在组内就一些英语话题进行相互交流。在第一小组中，学生就"What does he look like？"这篇课文中的要点知识进行相互交流。第二小组中，学生就一般过去式的内容进行相互探讨。第三小组中，学生就"人的外貌"的英语表达进行交流。有的学生说："I have big eyes and I'm tall"，有的学生说："I have long hair and white skin"……这样的方法使学生成为英语学习中的主人。

（六）让学生在合作中竞争

初中英语课堂教学工作要求学生可以灵活使用相关知识去解决生活当中的问题，进而提高学生的探究精神和实践能力。而比赛这一形式本身具有一定的竞争性和趣味性，在比赛的过程中可以充分调动学生的学习兴趣，以积极主动的态度参与到比赛当中，在知识竞技的过程中帮助他们深入掌握所学内容。在比赛过程中教师可以适当加入一定的奖惩机制，奖励在比赛中表现优异的小组，惩罚在比赛中落后的小组，通过这种方式增加比赛的紧张性和趣味性，让学生以更加投入的态度参与到比赛当中，强化英语课堂的活跃氛围，使教学效率和教学质量得到有效提升。教师在教学"Is there a post office near here？"之后，便可以开展趣味竞赛来考查学生对于本节课所学内容——可数名词和不可数名词的掌握情况，学生要以小组为单位进行比赛，赢得比赛的小组可以获得相应奖励，这样能够激发学生的学习热情、提高英语课堂的活跃度。

（七）完善合作评价方式

初中阶段的学生思维能力、探究学习能力和合作能力都有了一定程度的发展。在开展实际的课堂教学中，教师需要探索多种教学途径，与小组合作学习有效结合，进行合作问题设计和合作效果评价，整合英语教学资源，实现课堂教学质量的进一步发展。整个初中英语的教学过程中，教师评价不仅可以判断个人的学习效果，更重要的是可以激发学生的英语学习能动性，使学生在课堂表现、课外学习中变得积极主动。整个合作学习评价过程中，教师需要结合教学过程和学生的整体表现进行优化设计，落实分层教学，合理评价，从而使学生产生更大的合作学习动力。

比如，教师在教学"Do you like bananas？"一课时，就要及时检验学生的合作学习成果，并对其是否在合作学习中掌握了本节课的教学内容"want"的用法予以评价，学生在得到了教师的评价之后，便可以发现自己在学习中的薄弱之处。更重要的是，这也对提高学生的英语学习能力也有一定好处。

综上所述，通过分析初中生的身心发展规律以及英语的学习基础，采取了适合学生们进行学习的合作学习方式，集中了学生们的课堂注意力，活跃了英语课堂的学习氛围，促使学生们形成良好的英语学习习惯。通过合作学习，同学们之间形成双向互动，消除紧张情绪，培养学生们的英语学习思维，提高了学生们的英语能力，为学生们英语学习成绩的提高奠定了坚实的基础。

第五章　初中英语课堂教学优化策略

本章主要介绍了初中英语课堂教学优化策略，分别从翻转课堂教学模式、优化课堂教学设计、创新课堂授课方法、构建教学智慧课堂和应用现代教育技术五方面展开详细论述。

第一节　翻转课堂教学模式

翻转课堂是一种在大数据时代新兴起来的现代教学模式，它革新了传统的课堂教学模式，课前以学生的自学为主，课上以教师辅导为辅。翻转课堂是创新型的教学模式，突破了传统的教学思维与操作路径，转换了教师的教学角色，强调摒弃原先以教师为主导的课堂教学模式，在学生自主学习提出问题、对问题主动探究的过程中，既有效地把握学习中的疑难问题，也充分发挥学生在学习中的主动性，使其在课堂学习中能不断发散思维，锻炼知识应用能力，使学生在学习中活跃了起来，学习效果达到了预期。将翻转课堂引入初中英语课堂教学之中，是英语教师践行新课改的重要举措。

相对于传统教学模式，翻转课堂有着不可替代的作用。翻转课堂全面发挥学生的主体作用，让学生成为课堂学习的主人，激发学生的学习主动性，教师主要发挥主导作用。在初中英语教学中应用翻转课堂，将信息化教学恰当地引入其中，让学生根据自己的学习情况制订适合自己的学习计划，积极发挥学生的主观能动性。与此同时，也要求教师有较强的学习能力，教师在教学过程中不仅要具备丰富的学科知识，还要掌握相应的信息技术，根据学生的学习情况以及教学目标等，制作相应的教学视频，做学生学习路上的引领者，不断优化课堂教学，从而提高初中英语教学质量与效率。

一、翻转课堂的概念

翻转课堂，其模式是教师颠倒了传统课堂的教学顺序，是一种崭新的教学模式。教师应用翻转课堂可以对有限的课堂时间进行重新规划，给学生的学习环境营造愉悦的气氛。在传统教学中，教师将教学内容强加给学生，学生被动地跟随老师学习。引入翻转课堂，为学生的学习实践过程提供新思路，在多媒体丰富的教学资源中将学生的主体性发挥得有声有色。教师通过多媒体技术等教学方法将要教授的知识传达给学生，学生结合自身的实际学习情况和学习需求完成自主学习，并进行课前预习和课后复习。

二、翻转课堂的教学优势

（一）进行针对性教育

由于生活环境不同，性格爱好不同，学生的学习能力与学习基础就有所不同，教师在教学过程中如果采用统一的教学方式，学习能力高的学生与学习能力低的学生就会存在不同的学习结果，难以达到理想的教学效果。而翻转课堂就可以有效解决这个问题，教师可对学生进行针对性的辅导。这就要求教师在制作教学视频时，应该将教材内容融入视频中，让学生快速掌握重点以及难点知识，将视频传给学生，学生可以根据自己的时间与精力安排学习时间，可以针对自己不会的地方反复进行观看与学习，从而夯实基础，培养学生的自主学习能力。

（二）创新教学方式

传统教学模式较为单一，无法激发学生的学习兴趣，而翻转课堂不局限于课堂教学，还可以将线下教学转移到线上教学。当学生在学习过程中遇到困难，通过翻转课堂，教师能够及时掌握学生的学习状态，根据学生出现的问题，对学生进行针对性辅导，和学生进行良好的互动与沟通，学生之间也可以进行良好的交流，促使学生成为课堂学习的主人，从而有效提高教学效率，提高学生的学习质量。

（三）创设良好教学氛围

激发学生的学习热情，让学生感受到学习英语的乐趣，保持良好的学习状态，提高学生的英语口语能力，进而提高教学质量。

三、翻转课堂教学模式运用原则

翻转课堂对初中英语课程能够起到积极的教学作用，但是在实践过程中，教师还需要遵循一些原则，确保翻转课堂的构建实施能够取得理想效果。

（一）适应性原则

对于翻转课堂的构建，还需要关注到适应性原则。对初中阶段的学生来讲，如果完全放任其课前自学，恐怕效果不会很好。因此，就需要对学生自学进行分析，课前设置小预习，然后在课堂上再设置一定时间的自学活动。通过这样的操作，翻转课堂与学生的学习情况实现更加有机的链接，从而使教学取得良好成效。

（二）多样性原则

课堂上的情况是多变的，有些问题是在课堂上随时生成的，英语教师要根据实际情况调整教学方法。实施多样性的教学原则是顺利完成教学预期的有效方式。在翻转课堂构建与实施过程中，教师要灵活使用教学方式，使学生在愉快的学习过程中探索知识，产生探索知识的欲望。在翻转课堂教学过程中，教师要从学生的个体差异入手，因材施教，使不同层次的学生都能获得知识，让教学活动取得更好的效果。

（三）实践性原则

翻转课堂强调了学生在课堂上的练习实践，所以作为初中英语教师，应该对此有所重视，通过合理的方法手段，在课堂上设置实践活动以及练习，引导学生参与进来对理论知识予以运用，从而有效提高学生对英语知识的掌握水平。

四、翻转课堂教学模式的具体应用

（一）做好充足的课前准备

要发挥好翻转课堂教学的优点，教师就一定要摒弃以往"满堂灌"的教学方式。为学生在书面、音频等方面提前准备好要学习的知识，在课件上呈现具体的教学内容，并通过视频、音频等形式给学生播放，清晰、直观地展示教学内容的重点与难点。为了更好地做好课前的准备工作，教师不仅要有熟练的多媒体操作技能，还要熟悉初中英语教材的新课标与学生学情，为翻转课堂的顺利实施做好铺垫。英语教师要提前设计好文中出现的重点词组的讲解，以便上课时让学生模仿其语音、语调，明白词语的意义与用法。

（二）引导学生课前预习

良好的课前预习能够有效提高教学效果。学生通过预习，能够简要掌握下节课的教学内容，并且对一些简单的知识能够提前掌握与学习，对不会的知识点进行重点标记，教师在课堂讲解内容时，学生能够做到心中有数，紧跟课堂教学节奏，有利于提高教学效率。目前，翻转课堂已经逐渐被应用到课堂教学中。如"Natural disasters"的教学中，要让学生学习关于自然灾害的单词，能够判断一些描述自然灾害的单词和短语，首先教师可以将课前制作好的课文教学视频传给学生，让学生进行反复听与读，让学生通过预习文章内容掌握单词的正确发音。另外，让学生根据视频内容查找出相应的词组，并进行理解，完成预习任务。学生还可以将不明白的内容进行重点标记，以便在上课时有重点地听课，有利于提高教学效率，发挥翻转课堂的实效性。

（三）创设良好的教学环境

中国学生在日常生活中接触英语环境的机会非常少，缺少英语学习的环境。而在初中英语教学过程中运用翻转课堂教学模式，给学生营造了良好的教学氛围，有利于提高学生的口语能力。教师应根据教学内容为学生创设良好的英语教学环境，促使学生尽快参与到课堂教学活动中，积极探讨学习内容，让学生大胆地开口说英语，从而提高学生的英语口语能力。以"Good manners"的教学为例，教师要让学生了解各种礼仪知识，用英语谈论如何在公共场所举止得体，培养学生良好的学习习惯。教师给学生出示一张图片，让学生说一说这些人哪些行为是正确的，哪些行为是错误的。然后通过英语提问，让学生用英语进行回答，在练习过程中再一次加深学生对知识点的把握。另外，教师可以为学生设置一个公共场所经常发生的情景。如乘坐公交车，一名学生当司机、让若干名学生扮演中年人、学生、老年人以及青年人等。在这样的情景中，教师要引导学生进行交际，让学生投入到情景表达中。这种教学方式，不仅能够提高学生的学习兴趣，还能够锻炼学生的英语表达能力，提高学生的反应能力，并在交流的过程中发现学生掌握知识的程度，不断完善知识结构，夯实学生的英语基础，从而提高学生的学习能力。

（四）借助多媒体教学资源

在初中英语教学过程中利用翻转课堂教学模式，就必须使用多媒体等信息化教学设备,将教学内容生动形象地展示给学生,让学生一目了然,并及时掌握这节课的重点与难点。如果采用传统教学模式,教师难以将教学内容形象地展示出来,再加上教师的教学语言枯燥乏味,长此以往,会降低学生学习的兴趣,课堂教学就会出现注意力不集中等现象,教学效果差。而翻转课堂会使用多媒体教学,教师根据教学内容制作有趣的教学视频,调动学生的学习积极性,让学生主动融入教学过程中,每一堂课程都能够给学生带来不同的视觉效果,为学生带来新鲜感,从而激发学生的学习热情。

例如在"Food and lifestyle"时,通过图片的呈现和问题的提出,让学生对"如何保持健康"这一主题有一定的了解。教师可以将一个胖人的一日三餐与生活方式等通过视频的形式给学生播放出来,引发学生思考,让学生分析原因,并让学生将其不正确的生活方式与饮食方式指出来,通过一系列的讨论与分析,让学生了解身体健康的重要性。并让学生说一说自己在生活中有哪些健康的生活方式,有哪些是不健康的生活方式。然后通过"Do you have a healthy lifestyle?"的提问,要求学生举出一个例子,从而让学生学会句型的表达与转换,并会主动使用重点单词。

(五)提高学生的听力能力

在初中英语教学过程中,听力是重点教学内容。传统教学模式下,学生在平时都是听教师的口语,一旦听录音带里面的英语表达,就会觉得有很大的不同,学生一时之间难以适应,导致学生的英语听力能力较差。翻转课堂要求教师在教学过程中要使用多媒体教学,所以在日常教学中就要锻炼学生的听力能力。教师在教学时,首先要进行需求分析,不管哪一章节的内容都是为了提高学生的英语表达能力与运用能力。以"Friends"这一单元为例,教师要将教学内容制作成微视频形式,在播放时,教师要有意识地培养学生的英语听力能力,让学生重复所听到的英语内容,将听力教学贯穿到各个教学环节中。教师还可以通过一定的教学活动巩固听力学习效果,如教师可以让学生复述文章内容,或者用英语讲述自己和朋友之间的故事,再将自己讲述的内容写到本上,这样不仅锻炼了学生的英语听力能力,还可以有效提高学生的写作水平。

(六)课后作业展现翻转课堂的魅力

课后作业是翻转课堂优势的再延伸。为了使学生对英语知识有深入的理解,教师要根据翻转课堂的特征,创新英语作业形式,让学生愿意写英语作业,在这个学习过程中让学生整合和验证课堂上学到的信息技术知识，并锻炼动手技能。

综上所述，在初中教学过程中要发挥学生的主体地位，恰当地运用翻转课堂教学模式，通过使用多媒体等教学工具，让枯燥的教学内容更加生动形象，激发学生的学习兴趣，提高课堂教学效率，从而提高学生的英语学习质量。教师通过翻转课堂，发挥学生的主观能动性，培养学生的学习能力，从而提高初中英语课堂教学效果，培养学生的英语核心素养。

第二节　优化课堂教学设计

初中英语教材以单元为知识模块，因而教师要尊重与遵循英语教材的结构特点，站在单元教学的基点上将单元内容看作一个整体去科学考量、精准设计与逐个实现，积极开展单元整体教学，统筹兼顾地设计一系列教学任务，为学生提供最完善的体系化教育。

一、初中英语课堂教学设计要点

（一）凸显教学的整体性

在英语教材中，每个单元都有独特的知识模块体系，为教师全面考量单元教学、整体设计教学内容、具体细化教学任务、精准设定教学目标提供了非常好的实施依据。因此，教师要在英语课堂上注意单元教学的整体性，实现教学任务的全要素输送，帮助学生在本单元形成完整的知识模块体系，有效夯实学生的知识基础，推动学生主体能力与核心素养的全面发展。

例如，在"How can we become good learners？"的教学中，教材在目录部分就为教师设计好单元教学的知识架构，如"topics""Functions""Structures""Target Language""Vocabulary""Recycling"等。因此，教师要在单元教学过程中逐步完成"Learning how to learn""Talk about how to study""Verb+by with gerund"以及词汇短语等内容。另外，教师还要引导学生重点探究"Do you learn English by reading aloud？""One way is by listening to tapes？""be good at doing something""be interested in doing something""because 与 because of 区别""bored 与 boring 区别"等等。这样，教师就在教材规定的六大知识板块中按部就班地实现了单元整体化教学，也为学生创设了一条区域明显、前后衔接、内容全面、详

略得当的体系化单元认知途径。

（二）凸显教学的主题性

在英语教材中，每个教学单元都拥有独特的主题活动内容，为学生提供某一方面的语言信息、知识范畴与能力培养，形成了一个个主题鲜明、内容各异、相对独立的知识模块。教师在英语课堂上要注意单元教学的主题性，以此凸显英语教学的区域性、特色性与实用性，为学生的知识积累、视野拓展、增长才干创设探究区间，借助主题教育促进初中生核心素养的发展。

例如，在"I think that moon cakes are delicious！"的教学中，教师在单元整体教学过程中凸显本单元的"节日主题"，并借助传统习俗、节日文化、游戏活动等具体展现主题思想。在英语教学中，教师要提供一些关于"the Water Festival""the Dragon Boat Festival""the Chinese Festival""the Lantern Festival""the Mid-Autumn Festival""Halloween""Easter"等节日的图片信息或视频资料，引导学生开开心心地以节日为主题内容进行自由交流，帮助学生积累大量关于节日的语言知识、传统文化、节日习俗等相关信息。

（三）凸显教学的教育性

英语是人类进行信息交流的重要媒介，言为心声，英语教学自然也承载着文化育人、以德树人的时代职责，是实现学生思想意识、道德觉悟与情操全面提升的生命乐园。因此，教师在英语课堂上还要注意突出单元教学的教育性，借助一系列具有突出思想性、体验性、人文性与教育性的课堂活动，促进学生思想道德品质以及核心素养方面的全面发展，加速学生早日成才。

例如，在"Could you please tell me where the restrooms are？"的教学中，教师需要引导学生学会如何非常有礼貌地向别人求助，以此对学生进行语言教学、文明教育和礼仪教育，帮助学生成为彬彬有礼、内外兼修的优秀人才。因此，教师要在"Ask for information politely"与"Objective clauses with wh- questions"部分的自主探究中提醒学生向人求助要注意语言文明与社会礼仪，多使用如"Excuse me, do you know where I can buy some medicine？"或"Could you please tell me how to get to the post office？"等这样的句子，间接、委婉、礼貌地向人提出自己的需求。这样，学生就会在语言学习过程中逐渐积累一些社会交往、文明礼仪方面的实用知识，达到对学生进行习惯养成、性格塑造、思想品德教育的目的。

二、初中英语课堂教学设计思路

（一）以学生兴趣为出发点

在新课改标准下，教师在进行教学活动的设计过程中，应当以学生的学习兴趣作为主要的出发点，通过学生比较熟悉的日常生活与英语学习之间建立的联系，使学生可以具有较高的学习兴趣，在课堂上积极地发表自己的言论。

例如，学习"shopping"的过程中，作为学生比较熟悉的日常活动，可以通过本节课程的学习让学生在购物的过程中，灵活运用学习的知识。因此本节课的学习目标就是带领学生学习一些关于购物的新词，并且可以利用英语讨论自己的购物历程。

第一步，Lead-in。教师可以对学生进行相关的提问，激发学生们对谈论购物的兴趣，进入到本节课的学习内容中。例如：Do you like shopping？When do you go shopping？Does your mother like shopping？Who do you often go shopping with？

第二步，Knowledge learning。通过上述问题学生对本节课程的学习有了一定的了解，教师可以播放自己课前准备好的课件，带领学生一起学习本节课所涉及的词汇，mall=shopping mall（大型购物中心），学习 shopping 购物、hate 讨厌/恨、money 钱等。

第三步，Listen and answer。教师可以为学生创设一个购物情境，找一名学生饰演购物中心的售货员，学生进行购物，一起讨论商品的价格以及喜好程度。这样不但实现了词汇教学，同时进行了语言上的交流，使学生在潜移默化的过程中建立起正确的学习方式，实现最终的学习目标。使学生在英语知识学习的过程中感受生活、体验生活，促进学生思维能力得到进一步的提升，使学生形成良好的英语学科素养。学生实际运用过程中不但能够实现对知识的理解和吸收，还可以做到对知识的运用和内化，保证英语学习效率。

（二）设计要有层次感

为了保证教学的标准化，教师在进行教学设计的过程中，应当符合初中学生的认知规律，学习难度从简单到复杂，从容易到难，同时也要注重内容之间的连接。在进行英语技能训练的过程中，应当遵循着先听读、后说写的设计顺序，使学习的内容层层递进。每个层次与梯度都可以满足不同层次学生的学习需求，使学生在自我认知的基础上进行学习，感受学习的良好体验，并且获得进步的喜悦感，成为学生学习的主要动力。

例如，在"Art world"的过程中，可以通过上述方法，通过学生所具备的生活常识，以及目前初中阶段学生存在的好奇心理，可以为学生播放一些漫画，让学生去猜其中的生词，了解艺术形式的词汇，进而根据所学的知识内容去讨论自己喜欢的艺术形式。教师可以先带领学生一起朗读漫画，引出本节课的学习内容，学习其中的语法，不定代词的用法以及形容词后置等。学生在良好的学习氛围下进行英语知识的获取。然后教师需要在此基础上开展深入地学习，通过阅读拓展学生的知识层面"ask about students' favorite art forms."在此基础上进行深入学习，"Ask students to work in pairs about their favourite art forms and why"使学生可以利用以下的句型进行讨论"I prefer...Because...""My favourite art form is...because...""I dislike/don't like...because..."使学生可以理解记忆本节课程所学习的词汇以及短语，并且灵活运用重要句型，运用中实际的生活中，完成语言学习的任务。

三、初中英语课堂教学设计策略

（一）设计娱乐的环节促使参与

由于语言环境的局限性，记忆英语需要多次重复地听、写、读、练。如果只是机械地反复听、写、读、练，枯燥无趣的学习方法，不但效率低下，时间长了，还会引起学生的厌学心理，不利英语学习的发展。因此，要在初中英语课堂教学中设计一些娱乐环节，促使学生在轻松愉快的课堂学习氛围中高效地学习英语。

例如，在教学"Who am I？"时，我们可以用做游戏的方法来更好记忆及理解。课堂教学娱乐环节设计工作要充分体现在教师的备课内容里。英语教师要事先规划好整个活动流程和突发情况的应对措施。这个游戏，首先，我们可以找一个活动教室，然后学生们转成一个大的椭圆，每个人脚下都有对应的小黄点，大家分别站在这个小黄点上来调整椭圆，结合教学内容，我们这次课堂用英语来询问对方的方式。我们首先播放音乐，椭圆慢慢转动起来，一步一个小黄点，歌曲暂停时，教师喊"stop"，然后学生们就与正好对面正对着自己的学生提问"Who am I？"，然后另外一个学生大声用英语说出这个提问的学生的名字，学生们还可以认真发挥多说几句，可以用英语娱乐一下对面的学生："Is my name easy to remember？"等等。这种游戏中，首先我们不知道即将面对的下一个学生是谁，也许会有两对学生会碰到过不止一次在对面的情况，轻松愉快的娱乐游戏会让学生们都参与进来,结合教学的内容开展,在实践中深化学生对英语课堂学习的印象。

(二)进行多模态活动设计

多模态活动的设计可以帮助学生克服因紧张、焦虑或畏难情绪而不愿参与课堂、表达情感的困难。

例如,在教学"Welcome to the unit"时,依据教材内容,需要学生学习不同天气状况的表述(图 5-2-1)。本课时旨在通过教授天气名称,让学生更好地了解天气,谈论季节。在这项教学活动的组织中,教师通过文字、图片、音频、视频等多模态活动为学生呈现了不同的天气形式,并采用小组抢答的方式,让学生表述天气名称并对天气情况进行追问和描述。

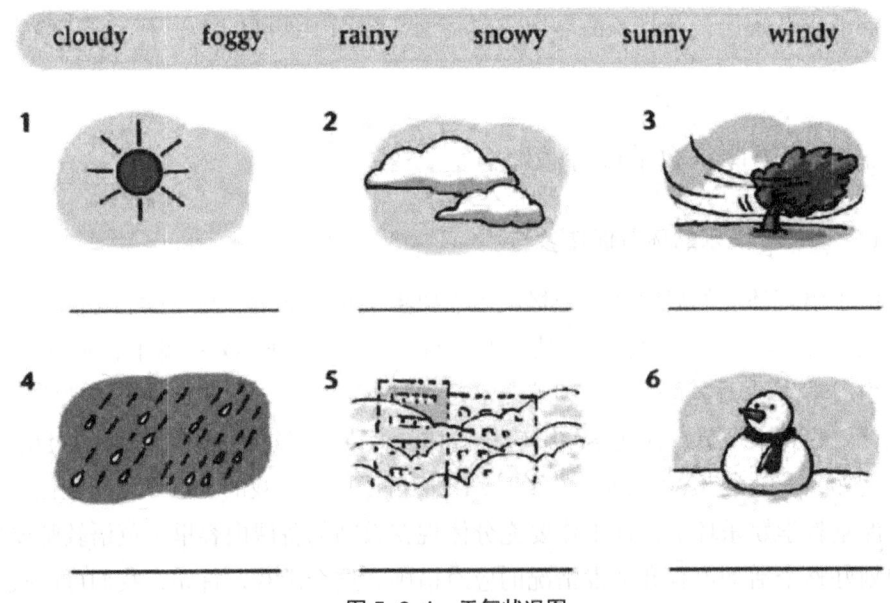

图 5-2-1 天气状况图

T:Now, I am going to show you different kinds of weather in different ways.If you know what it is, just stand up and tell us.The quickest student can get one mark for your group.

(播放风声的音频)

T:Listen, what is it?

S1:It's windy.

T:What is it like?

S1: On windy days, the wind blows heavily.

T: Good, you can get one mark for your group.Now, let's go on！

……

初入课堂，学生容易因生疏感而难以进行自身的表达。多模态活动可以激发学生的学习兴趣和表达欲望。竞赛活动的情境设置需要贴近学生生活及学生的认知水平。直观的、多样化的、生动的情境更能激发学生的兴趣，吸引学生的注意力，充分调动学生的学习热情，让他们乐于参与。多模态活动的呈现不仅服务于课堂的主题，更用活泼、开放的形式吸引了更多学生的积极参与，让学生乐于表达。

（三）教学设计结合兴趣和实践

初中的学生们经过了几年的英语学习积累，在英语方面的学习也已经有了自己的独特见解和方法。英语老师在引导学生们进行增加英语学习积累的同时，还应着重关注初中学生们的英语学习的转化能力，将学习到的英语知识真正转化为可以实际运用的技能。因此，教学老师也应该改变英语的教学环境和教学方法，不断调整及完善自我教课力度，在初中英语教学课堂讲学时，从学生们感兴趣的话题、内容等出发拓展知识结构，增加英语学习的趣味性和新鲜感，让每个学生们在活跃的课堂环境中收获更好的英语学习效果

例如，在教学"Why don't you talk to your parents？"这篇文章时，话题是"你为什么不向自己的父母谈谈呢？"这个主题对于学生们来说会有非常强烈的共鸣，学生们看到这个话题，就会联想到自己身上发生的一些现象，感受会非常深刻。教学的重点是"Talk about the problems"以及"Learn the new language points"，教学的难点是学会根据对方所提出来的问题，给出一些合理适当的建议，同时学会表达使用建议的一些方式。在教学过程中Warming up阶段，我们可以利用一些图片先导入学生们平时在学校以及生活中存在的一些常见的问题，问一下同学们"Do you have any problems with your study？ Do you have a lot of homework？"以及"Do you find it annoying to have so much homework？"，让同学们进行畅快谈一下，那么除了做作业，还有其他么，比如父母允许你们"stay up late"么，为什么呢？那"stay up late"会有什么影响呢？引导学生知道内情后，在Talking阶段可以让学生们再思考一下"Is it possible to work out the problem？"。

这种从学生感兴趣的英语话题及内容出发的方式，能够成功地吸引学生们的兴趣及参与的热情，并且充分利用师生之间的互动方式，释放学生的精神压力，

活跃学生们的思维，制造一个轻松愉悦的学习氛围，激励学生们发表自己的见解及感受。

（四）课堂开展小组活动

学校教育必须回归生活，引导学生在生活中发现和感悟生命成长的需要，用生活滋养人，用生活教育人。课堂虽小，但课堂中却可以容纳生活，让学生在与同伴、与教师的交往中，模拟生活情境，在此得以感知、体验和收获。

例如，在教学"A trip to the zoo"时，课文以导游展示地图的形式带领学生分别参观了动物园里的熊猫馆、狮子区、鸟世界、猴森林以及长颈鹿和大象的居住区域。在梳理完文本的理解性问题之后，教师带领学生走进文本中的世界，真实体验教学内容。由于本单元的主题是"Finding your way"，作为紧扣主题的阅读教学文本，文章旨在教会学生如何进行路径的表述，并在逐步走进动物园之后，学习知晓不同动物的习性特征。

教师将全体学生分为7个小组（每组4—6人），其中一组扮演"游客"，由组员推选一名"组长"作为"导游"，游客组需要在导游的带领下完成动物园的参观。另外6组分别扮演不同的动物，也各推选一名组长，组员间配合展示动物习性并用英文表达动物特点。在教师的引导下，游客组的学生在教室门口（the South Gate of the Zoo）等候进入教室（the Zoo）。在进入教室前，动物组的学生依据课文中的路径指示，在教室里选定自己的活动区域（学生可以自主移动教室的桌椅）。

经过彩排后，学生展示了如下情境表演（G为组别，S为学生）

G1S1：Hi, everybody.Here we're in front of the South Gate.Go straight on and you'll find the Panda House.

G1Ss：OK, let's go！

G2Ss：Welcome to the Panda House.

G2S1：Hello, we are pandas.We are cute！

G2S2：We like to eat bamboo and lie down all day long.

G1Ss：You are so lovely！

G1S1：Now we are going to the Lions.Who knows how to get to the Lions？

G1S2：We can walk along the road.It's to the north of the Panda House...

在完成了情境体验之后，教师与学生之间围绕刚才的情境表演以"What do you think of your performance？"和"What can you learn after the performance？"

为主旨问题展开了师生间的讨论和对话作为本项活动的小结，T：What do you think of your performance？ S1：I like it very much.T：What can you learn after the performance？ S2：I know how to find the way.T：What else do you want to share with us？ S3：... 教师为学生在课堂上还原了一个真实的"动物园"，帮助学生在真实情境中展开体验。

在这样的体验活动中，学生有合作、有探究，这对帮助学生内化知识、激发学习兴趣、提高课堂活动的参与度、促进师生间的合作交流有重要作用。小组活动让学生增加了与学习伙伴间的思维碰撞，小组间的讨论为学生情感表达提供了更多的交流机会。在和谐、民主的讨论氛围中，学生间相互促进、共同提高。教师在此过程中对学生的引领、指导、促动和点拨，是情感体验活动的另一种形态，这不仅能促进师生间和谐关系的形成，更为学生自身语言能力从知识向技能的进步和提升起到积极的推动作用。

第三节　创新课堂授课方法

全球一体化的发展背景下，英语教学从初中就已经成了重点科目，意在培养学生良好的英语底子和素养。但尽管如此，初中英语教学质量依然不尽如人意，究其原因，除了学生对英语的认识以及比较欠缺的学习环境，再就是教师教学方法的保守、死板，制约着初中英语教学的发展。思维导图，作为一种可视化的思维模式，如果设计恰当，对于学生来说不但能激发其学习的兴趣，还可以让他们像闯关一样，层层递进，不断探索，从一点到更多点再到面，知识结构清晰，学生学习起来简单，识记也比较容易。思维导图作为一种新的课堂授课方法，能把知识点清楚地呈现出来，在初中英语教学中能起到事半功倍的作用。所以，作为初中英语教师，在教学中要善于积极地应用思维导图，使教学简单化，让学生的学习简单化，强化学生识记、理解，提升学生的英语成绩，也促进英语教学的发展。

一、思维导图的含义

思维导图是一种帮助学生整理笔记、方便记忆的方法，又称为树状图，它有利于发展学生的思维。思维导图像树木一样，由一个主干、多个分支构成，形成一个总分式的框架，它使复杂的知识之间的条理更加清晰，有利于学生的记忆。

思维导图以引导、启发的形式，通过文字加画图的表达方式，将人的思维具象化，使其更加形象地呈现出来。思维导图的特点是通过图像和文字相结合，以关键词为原点，向外辐射出几个与关键词相关的节点，通过层级的表达方式，建立不同层次之间的关系，最终形成记忆链条，使学生一目了然地看到各个知识点的相似之处和不同之处，在脑海中形成一个完整的知识框架，这样不管是在之后复习还是做题的过程中，学生都能结合思维导图进行知识回顾，这样能提高学生分析、解决问题的能力以及学习的有效性。在英语教学中套用思维导图进行教学，能增强词汇之间的关联性，从而丰富学生词汇量，提升逻辑思维能力。

二、运用思维导图对英语教学的意义

（一）使学生对英语学习产生兴趣

由于部分教师在教学时方法不恰当，使学生尤其是英语基础不好的学生对英语失去兴趣。教师改进教学方法，将思维导图引入英语课堂，要求学生设计出自己的思维导图，可以使学生在构建导图的过程中更好地掌握英语知识，提高英语成绩和英语水平，激发学生英语学习热情，使课堂更加高效。在英语课堂上，在学生进行篇章学习时，英语教师要引导初中生思考，使学生发现自己在学习中常犯的错误，并及时改正，以提高他们学习技巧，使他们体验到学习中的乐趣，积极投入到英语学习中，为以后更高难度的学习打下基础。

（二）发展学生的思维能力

新版《义务教育英语课程标准》中规定英语教学要重视学生思维能力的培养。在英语学习中，运用思维导图，不仅能够使学生英语水平提高，也能使学生的思维得到发展。在英语教学中，思维导图不仅能让学生更好地掌握篇章的结构，也能使学生利用思维导图，对篇章进行分析、概括，从而解决在学习过程中的问题，使知识脉络更加清晰，也能提高学生的思维能力，使学生拥有良好的思维品质，让他们在今后高层次的英语学习中能够更加轻松应对，使他们成为社会所需的人才。

（三）提升学生学习能力

思维导图也可以称之为一种学习技巧。英语属于语言类型的学科，其实用性比较强，不同语境下英语单词、时态等也会发生变化。初中阶段正是学生奠定英语基础的关键时期。通过思维导图的方式使英语知识之间产生联系，这样学生学习时会更加清楚了解英语知识之间的差异和相似之处，掌握学习英语的技巧，这对培养学生学习能力而言大有裨益。

因此，英语教师应当意识到思维导图的作用和价值，将其合理地应用于英语课堂当中，降低学生学习难度，发展学生思维能力，为学生之后英语学习奠定基础。

三、初中英语教学思维导图的运用分析

（一）利用思维导图明确教学目标

在教学中利用思维导图，就要将思维导图融入教学的每一个环节，从课程导入到知识与技能的掌握，再到最后完成教学目标。因此，在开展教学计划之前要设计好教学目标，通过思维导图搭建符合整体教学构思的学习流程，并将导图框架绘制交给学生，使学生从被动学习转向主动参与，最终形成自主学习意识。

（二）利用思维导图强化阅读能力

教师要通过思维导图展开合理介入，帮助学生强化阅读能力。在讲解阅读材料时，可以绘制思维导图，将文章的整体结构梳理清晰，通过思维导图体现出其中的重点语法和词汇，对于容易出现错误的语法应在导图上标示出来，借此提升学生对文本的阅读能力和理解能力。

例如，"Will people have robot？" Section B 板块的 "Do you think you will have your own robots？" 教师要利用这一模块，绘制思维导图，强化学生对文章信息的提取、分析能力，实现对学生阅读能力的提升，同时也要加深学生的总结、概括能力，使学生的理解能力得到有效提高。

（三）利用思维导图拓展表达能力

教师可以通过思维导图帮助学生建构口语表达和写作叙述的具体框架，然后教会学生自行绘制，通过自主建构来掌握口语表达和书面表达的具体结构。例如，在 "Why don't you talk to your parents？" 中有一部分内容是有关青少年与家长沟通的问题，学生可以通过绘制思维导图明确这一主题的中心思想及相关内容，而教师应该从中给予引导和纠正。这样一来，学生不仅学会如何绘制思维导图，同时也提高了各方面的表述能力，形成正确的表述思路，提高语言表达能力和写作效率。

四、初中英语教学中思维导图的应用策略

（一）课前预习环节应用思维导图

课前预习是整节英语课堂教学非常重要的环节，而且学生通过课前预习也能自主学习新课，教师在讲解时学生也能够更好地理解。为提升学生预习的效率，教师可以让学生借助思维导图在课前预习时画出关于新课的思维导图。思维导图中包括本单元中的重点句型、单词、词组等。学生通过自主学习能力提升课上学习效果。教师在课前导入环节可以检验学生制作的思维导图，并选出最具代表性的思维导图作为课前导入环节的模板。教师也可以自己在课前制作思维导图，借助思维导图的方式展开新课教学。同时，教师可以使用翻转课堂这一教学方式，让学生结合自己对新课的理解制作成的思维导图，在课上讲解，这样既能充分发挥出思维导图的作用，也能培养学生语言能力，促使其养成课前预习的好习惯。通过这样的方式，学生在学习英语时能更加轻松，获得成就感。

（二）单词教学中应用思维导图

初中英语单词教学包括单词的形、音、义等方面，学生记忆英语单词也需要从这三部分入手。如果学生只是通过死记硬背的方式学习单词，只能使自身记忆停留在浅显的记忆的层面。简单的单词记忆维持的时间较长，但结构较为复杂的单词的记忆就很容易出现边记忆边忘记的情况。久而久之，学生记忆单词的积极性也会有所降低。基于此，英语教师应结合学生学习特点，合理运用思维导图来帮助学生记忆单词。教师可以将单词作为思维导图的主干，向外开始延伸。

例如，学生在学习"weather"这个单词时，单词本质含义为"天气、气象、气象预报"等，教师以"weather"作为思维导图的主干，延伸其枝干"fall、summer、spring、winter"等单词，再进行延伸，如"summer—hot—dress/raincoat""winter—cold—gloves/cap"等。教师通过思维导图的方式，由一个单词向外拓展，让学生在记忆单词时进行联想，以放射性思考的方式提升学生对英语单词的理解能力，同时也培养学生记忆单词的技巧。

除此之外，在设计思维导图时，教师可以以英语单词词性为主，也可以让学生自主搜集相关的单词来绘制思维导图。通过这样的方式，教师可以帮助学生灵活记忆单词，也提升其学习单词的乐趣，拓展他们的单词词库，为他们之后学习奠定基础。

(三)阅读教学中应用思维导图

英语阅读也是学生英语学习的重要模块。运用思维导图的方式来帮助学生进行阅读效果是十分显著的。教师可以借助符号、文字等方式,将阅读文本中大致意思表露出来,并分析文本整体的结构,这样有助于学生在阅读时进入到相应的语境中,他们对文本整体的把握也会更加清晰。因此,英语教师在指导学生进行阅读时,可以融入思维导图来提升学生阅读效果,并发展学生思维。

例如,在对"Dream"中的篇章进行讲解时,教师首先让学生自行阅读篇章,把不会的单词圈起来,完成习题后,自行翻阅字典查询。然后,教师要求学生再次对阅读并且翻译篇章,设计自己的思维导图。之后,教师带领学生进行阅读、翻译,并一同设计思维导图,或是将学生划分成学习小组,共同讨论思维导图的内容,在师生、生生沟通结束后,学生对自己所设计的思维导图进行完善。最后,让学生带着自己的思维导图,再次进行阅读,并改正自己的答案,这样学生既能够更好地掌握篇章内容,也促进了思维的发展。

(四)写作教学中应用思维导图

初中阶段大多数学生英语写作能力比较弱。学生在写作时需要调动所学习的英语知识来遣词造句,组成一篇结构完整,用词准确的英语作文。但因学生多是采用语文写作思维进行英语写作,而且在写作时很容易遇到不会的单词,或是出现写作偏题等情况,他们的写作水平始终难以提高。为进一步发展学生英语写作能力,英语教师可以借助思维导图来帮助学生理清写作整体的结构,整理成大致的提纲,学生在进行写作时,便可以借助思维导图调动相关的知识,启发英语思维,将原本零散的知识点整理起来,提升英语作文写作水平。在组织学生进行写作时,教师首先可以先让学生进行小组讨论,经教师和学生共同协商之后制定写作主题。之后,小组内的学生确定写作方向,并合理分工,分别搜集相应的材料,最后汇总成一个完整的思维导图。

教师可以运用思维导图的简单化、清晰化来改变写作教学的现状,提高学生的写作水平。例如,"take an interest in 对……感兴趣"的写作训练中,可以把"interest"作为主旨词,围绕它延展出"playing basketball""geography football"等等,这样就可以运用思维导图,为学生搭建起清晰的思维和写作结构,学生就能轻松根据自己的特点,准确地介绍自己,为学生更好的作文写作打好基础。

以"My favourite season"这一写作主题为例,学生通过分析题目可以确定写作中心词为"season"。结合思维导图进行思考,学生需要搜集与四季相关的英语单词，利用思维导图来拓展且使写作内容更为明确、丰富。之后，学生结合搜集的词汇，回忆所学习的句型，整理出合适的句型结构，使英语作文结构更加完整。学生在进行写作时，在脑海中已经有了作文整体框架，写作过程也会更为顺利。思维导图不仅降低了学生写作难度，同时也能使学生写作方向始终围绕主题展开，让学生掌握写作技巧，后期自己进行写作时，也可以通过这样的方式，更好地完成写作任务。

综上所述，英语教师要摒弃老旧的教学方法，将思维导图引入英语课堂，使初中生所学到知识能够构成系统，从而提高他们的英语能力。与此同时，学生在设计思维导图时，要让知识之间产生联系，使知识组成整体的框架。

第四节 构建教学智慧课堂

智慧课堂在教学中已经受到老师和学生们的一致欢迎，对于学生而言，学习变得趣味生动；对于老师来说，教学管理更加轻松，学习效果事半功倍。将构建智慧课堂引入初中英语教学中，激发学生的英语学习热情，提升学生英语听说读写的综合实力，符合新课标所要求的创新教学、寓教于乐，帮助学生更高效率地学习英语知识，提升英语能力。

一、智慧课堂的概念

所谓智慧课堂，其中"智慧"二字意味着课堂与人工智能、信息技术有着不可分割的紧密联系。将大数据、人工智能、多媒体技术应用于教学大大提升了课堂的成效，老师和学生们都通过互联网进行讲课学习，课堂不再拘泥于黑板、粉笔、课本，讲课也不再局限于教室，而是将学习空间向网络延伸，无限扩展课程的规模。智慧课堂中，老师和学生都能作为课程的主导，互动学习，并且智慧课堂基于网络构建，学习资源得到补充。教师对学生的学习情况进行评价反馈也是在互联网上进行，实时掌握和监测学生的学习进度。智慧课堂具备互动性、开放性、感知性等特点，全面实现信息技术在课程教学中的应用，是对传统课堂的升级与优化。

二、构建英语智慧课堂的意义

在英语教学中构建智慧课堂有多种优势，虽然传统课堂也利用多媒体作为辅助工具进行英语授课，但与智慧课堂不同的是，传统课堂的封闭性和保守性严重，教学资源匮乏，教学手段单一，课堂氛围沉闷，对于学生英语听说能力的培养略有疏忽。但在智慧课堂中，不但灵活运用多媒体授课，还导入了翻转课堂、微课堂、希沃白板等教学模式，实现教学方法多元化；同时运用互联网大数据向学生展示众多学习素材，丰富学习资源，激发学生的英语热情；利用多媒体信息的处理功能，对学生的学习掌握情况进行实时监测，方便老师对教学做出及时调整，并且在课中、课后对学生的作业或考试情况进行及时评价反馈，方便教师对学生进行管理，为大家解答重点疑难问题。智慧课堂这种创新型教学模式对英语教学来说，实现了课堂的全面革新。

三、初中英语教学智慧课堂构建策略

（一）活用多媒体，激发兴趣

在初中英语智慧课堂中，可以灵活运用多媒体设备，将课本中单调死板的文字转化成显示屏上生动有趣的图片或影像视频，帮助学生们更加直观地进行英语学习，同时通过英语视频教学，帮助学生提高听力水平。老师也可以组织学生参与英语小剧场表演，每个人担任自己喜欢的角色，模仿视频中的主角进行剧情还原，增加课堂趣味，激发学生对于英语学习的热情，与此同时还能够锻炼学生的胆识，有助于口语能力的提升。

例如，"China's most famous 'farmer'"单元的长篇阅读课文讲述的是我国"杂交之父"袁隆平的先进事迹。教师可以利用互联网搜寻有关袁隆平的英文版纪录片，截取视频片段利用多媒体设备播放给学生，加深学生对于课文内容的印象，增进大家对"杂交之父"袁隆平的了解。进而结合课文右下角非洲朋友提到的"How nice it would be to have a rice tree！"这句话，搜寻水稻种植技术被引进到非洲等贫困地区，并帮助他们解决饱腹之忧的相关采访，基于学生当前的英语水平截取一段访谈中合适的对话片段播放给学生，播放完毕之后可以让学生尝试独自还原对话内容并且翻译成中文，不但能够帮助学生理解课文，还能增加课堂趣味，帮助学生掌握习得英语的技巧。

（二）微课教学，聚沙成塔

在信息技术飞速发展的当下，人们的生活节奏不断加快，对于知识的吸收也更偏向于快速进行。在初中英语教学中引入微课的教学方式，将知识分解成碎片，每天定时定点进行学习，方便快捷，日积月累就能实现英语知识累积，将微课与英语教学相结合，在不知不觉中使学生增加英语知识，提升课堂效率。在当前应试的升学环境下，通过大量的练习进行知识巩固是必要的，但随着素质教育的不断推行，教师应当更加注重学生综合素养的全面发展。初中英语教学也是如此，对于语言的学习最重要的就是听说读写，听力和口语是两大不可或缺的重要成分，培养学生的英语听力能力和提升口头表达能力就可以通过微课程来实现。例如在学习有关"safety"的英语知识时，根据新学习到的知识点"fall""hit by car""ride bicycle""earthquake"，在课堂上将知识点进行分解教学，帮助学生快速学会掌握课文的主题。在课程结束之后，引导学生利用课余时间通过微课堂进行相关知识点的巩固复习，不但能够加深印象，而且作为课程内容的补充使得教学效果事半功倍。

（三）提升文化涵养，增强兴趣

文化意识的培养也是英语核心素养的重要组成部分，因此，在英语智慧课堂的实际教学中，老师要多注重培养学生的文化意识。这样不仅能提升学生的英语文化底蕴，更能加强学生的核心素养。学生在学习中西方文化差异的同时，也能提升个人的理解能力，满足对英语学习的好奇心，增强学生的英语兴趣。同时，学生通过直观的感受中西方的语言环境，也更能了解中英语言之间的不同，避免出现中国式英语。

例如，在"How do you make a banana milk shake？"这一课程学习时，老师可以让学生自己先提前了解西方的餐桌文化和餐桌礼仪，在正式学习时，加入情境演示，就可以引导学生对不同语句进行分析，知道在就餐中应该做什么和不应该做什么，充分调动学生的积极性，培养他们的文化意识。同时也能让学生了解不同的文化风俗，拓展视野，有利于英语智慧课堂的搭建。

（四）检验教学成果，恰当点评

初中英语教师通过构建智慧教学课堂，为学生们提供了与教师进行互动交流的机会和平台，实现了线上与线下的英语教学结合。实时监测学生们的英语课堂学习效果是教学过程中的重要环节，在这个过程中，英语教师可以让学生们利用智慧教学平台自由表达自己对于英语教学课堂的意见和想法，及对教学进行改进。英语教师可以针对学生们提出的意见，适当修改自己的教学方式，实现学生们的英语学习成绩的提升以及英语学科素养的培养。

除此之外，在教学时，初中英语教师必须认识到我国先进的英语教学设备的重要性，将智慧教学系统引入教学课堂，打造初中英语的智慧化英语学习模式，发散学生们的英语学科想象力，激发学生们英语学习的积极性。初中英语教师可以为学生的设定相关的情景进行比赛，如辩论赛、讲英语故事等，激发学生的对于英语学习的兴趣，从而使学生们对英语课文进行全方位地了解，锻炼学生们英语语言交流沟通的能力。

例如，在教学"Growing up"这篇课文时，英语教师就可以让学生们在课堂上分析和总结自己通过利用智慧教学课堂收获到的知识，用英语讲出自己在成长过程中所经历的让自己难忘的一件事，鼓励学生们大胆地进行课堂交流和沟通。英语教师也可以让学生们成立英语学习小组，以此来锻炼学生们的英语听、说、读、写能力。

（五）重视学生的主观能动性培养

在英语智慧课堂中，老师更应注重学生的主观能动性的培养。相比于之前的传统教学模式，很多学生在初中没有养成这样的能力，导致后期在面对学习以及生活中的种种问题时，都不能自主地去思考解决办法，需要他人的指点。因此，培养学生的主观能动性是每一位教师都应该努力学习的。利用智慧课堂中丰富多样的教学内容，以及轻松的教学环境，可以让学生放下戒心，主动去学习，从被动变为主动，从要我学变为我要学，这样才能逐渐养成学习的主观能动性。

第五节　应用现代教育技术

一、现代教育技术的应用优势

（一）提高学生学习兴趣

现代教育技术的应用推动了智慧课堂的到来，智慧课堂教学中使用比较常见的是 pad 和白板，二者均可以提高学生的学习兴趣。pad 是一种可以触摸输入的设备，教师可以通过 pad 与学生进行教学互动。白板是一种可以与电脑进行信息通讯并投影电脑设备信息的设备。这些现代教育技术中使用的科技手段相比传统课堂教学方式，黑板对学生的吸引力不如这些现代教育技术。

（二）提高教学便利性

以智慧课堂教学中常用的 pad 现代教育技术为例，学生互动便利性均得到显著增强。现代教育技术在初中英语课堂教学中运用后，学生人手一个 pad，教师可以通过 pad 下达教学任务，学生可以直接在 pad 上与教师进行交互，相互直接与教师进行语言沟通，这种沟通方式更加简单快捷，极大地提高了教学便利性。

（三）降低教学难度

以常用的白板现代教育技术为例，白板取代了传统投影仪设备和落后的教学 PPT。投影仪设备的优点是操作便宜且操作简单，但是缺点是观看效果较差。教学 PPT 的优点是教学速度快，缺点是课堂教学中更改 PPT 内容比较困难。而白板现代教育技术下，教师可以在初中英语课堂教学中即时对教学课件内容进行更改并讲解，教学灵活性大大提高，教学难度显著降低。

（四）提高互动效果

初中英语课堂教学中未应用现代教育技术时，英语教师教学方法比较死板，教师只能按照教学课件对教材内容进行讲解，学生按部就班地记录本章节单词、词组、句式句型等知识点。对教师来说教学内容比较多，必须按照教学 PPT 开展教学才能保证教学进度，教师与学生的互动时间较少。对学生来说学习内容比较复杂，必须持续对英语知识点进行记录才能跟上教学进度，学生没有时间对难以理解的知识点进行提问。现代教育技术应用后，以上问题即可得到缓解，初中英语课堂教学互动效果得到显著提高。

二、现代教育技术的应用原则

（一）互动性原则

互动性原则指的是现代教育技术在初中英语课堂教学中必须达到提高师生互动和生生互动效果的目的，如果初中英语课堂教学中互动效果没有得到显著提高，则表示当前课堂教学没有达到智慧课堂教学的水平，教师教学能力、学生自主学习兴趣、教学软硬件设备都存在一定的提升空间。若现代教育技术中某些新科技可以显著提高初中英语课堂互动性，则教师和学校必须致力于推动该技术的应用。

（二）选择性原则

选择性原则指的是现代教育技术在初中英语课堂教学中必须具备甄选学生的

能力，如果初中英语课堂教学中现代教育技术应用后整体教学效果得到提高，但是教师不清楚每个学生对英语知识点的掌握水平，则现代教育技术的应用没有达到预期效果。此时教师需要分析现代教育技术本身是否具备选择性功能，若该技术缺乏该方面的功能，则必须使用其他技术替代现有的现代教育技术。

（三）实效性原则

实效性原则指的是现代教育技术在初中英语课堂教学中必须具备提高教学效果的能力，如果初中英语课堂教学中现代教育技术应用后学生学习效率并没有得到提高，则现代教育技术没有发挥出应用的效果。此时教师必须调整教学方法、改变教学理念，按照智慧课堂模式开展教学，以达到实效性原则的要求。

三、现代教育技术的应用情况

现代教育技术背景下，初中英语教师应该积极分析教育教学过程中存在的问题，进而带领学生突破英语学习瓶颈，提高学生的英语学习自信心。下面就英语教学过程中存在的问题进行总结。

（一）现代教育技术教学方案不完善

一方面，初中英语教师所设计的英语教学方案不能让学生产生英语学习兴趣。教师只是了解了学生目前存在的主要学习问题，却没有带领学生思考如何借助现代教育技术来训练自己的学习能力，巩固已学知识。另一方面，初中生的英语学习基础各异，他们在面对不同的英语学习问题时，往往会表现出不同的学习心态。教师所设计的教学方案没有考虑学生的学习基础，进而无法提高学生的整体学习水平。初中英语教师所搜集的英语学习资源不符合学生的学习需求，不能准确契合学生的学习情况。

另一方面，教师对学生的微课、慕课等课下学习过程监督力度较小。教师虽然布置了英语课下学习任务，但是学生却没有深入地了解学习内容。同时，部分学生自我约束能力较差，不能在英语学习过程中规范自己的英语学习行为。这说明初中英语教师在进行初中英语教学设计时，没有考虑学生的学习需求，更没有与学生进行积极的互动，未了解学生的英语认知基础。教师只是让学生观看了不同内容的英语口语交际，却没有启发学生思考实际问题，引导学生尝试与同学练习对话。

因此，初中英语教师应该仔细反思以上教学问题，并根据教学中出现的具体情况进行具体的教学设计，进而真正培养具有综合能力的学生。

（二）初中生的英语学习积极性不高

首先，学生的英语知识积累意识较差，他们不愿意跟随教师参与微课学习活动。部分学生只是粗略地了解了英语学习内容，却没有结合英语学习任务反思自己的学习问题，进而导致学生的学习收获较少。还有一些学生不能准确把握英语学习的重点，在英语学习过程中遇到学习问题时没有做好学习记录，进而导致学生的学习效率较低。其次，教师在英语教学过程中会发现，部分学生的英语理论学习基础较差，进而导致学生在面对口语交际、阅读、写作、语法等学习内容时不能准确把握学习机会，学生的学习兴趣较低。学生不能做好合作学习过程中的自我管理，不能配合同学完成组内的自主探究英语学习任务。同时，部分学生学习基础越差，学习积极性越低，学习自卑心理越强。现代教育技术背景下，英语学习本该是提高学生互动效率的学习活动，但是由于部分学生畏惧学习困难，进而导致学习基础较差的学生不愿意积极表现。

由此可见，英语教师应该积极了解学生的学习兴趣和学习基础，为学生提供不同层次的学习任务，进而让学生根据自己的情况选择材料收集、理论探究、问题分析、口语交际体验学习等学习任务。

四、应用现代信息技术的注意事项

就现阶段发展而言，现代信息技术在初中英语教学中的应用已非常普遍，而且它所发挥出来的作用也是大家有目共睹的。但是，我们也都知道，现代信息技术从本质上来看就是一把双刃剑，滥用或者应用不正确都不能发挥出它在教学活动中的优势，严重的甚至还有可能影响到正常的教学活动。因此，初中英语教学和现代信息技术在结合的过程中，需要重视以下两方面的内容：

一是将学生们作为课堂学习的主体，将每一位学生在学习上的需求，作为现代信息技术应用的起点和终点。据新课改要求，学生才是课堂学习的主体，所以教师在应用现代信息技术开展英语教学活动的时候，应先掌握每一位学生的实际学习情况，按照他们每个人的英语学习能力和兴趣点进行相应的教学活动。

二是按照教学需求合理有效地应用网络资源，绝不滥用网络资源，这样就能够有效防止学生们被网络资源吸引较多的注意力，从而减少了对文本内容的关注度，出现本末倒置的情况。所以说，教师应以教学需求作为导向，对网络资源进行认真筛选和整理归纳，并计划出适合学生们发展，以及符合教学需求的多媒体课件，用来辅助英语教学。

五、现代教育技术的应用策略

（一）加强学校资金的投入

现代教育技术对软硬件设备要求比较高，学校必须加大资金投入。如果学校想要通过应用 pad 现代教育技术推进智慧课堂建设，则必须为初中学生购买一定数量的 pad 设备。如果学校资金有限，可以先构建英语 pad 智慧教师，在该教室完成英语课堂教学。待 pad 课堂教学模式比较成熟且取得优秀教学效果后，再购买更多的 pad 设备配置到每个班级中。这样现代教育技术的软硬件设备即可得到保障，此时再将试点课堂的教学模式推行到整个学校。

（二）加强教师技术培训

现代教育技术应用后教师必须掌握硬件设备的使用方法，若应用 pad 或白板现代教育技术，则教师必须先学习 pad 或者白板的操作方法。Pad 设备的操作方法与手机差别不大，教师需要学习的是如何通过 pad 设备查看学生是否掌握当前英语知识点。教师可以将 pad 或者白板现代教育技术结合到一起，通过 pad 信息同步查看学生学习进度，然后通过白板设备对教学进度进行调整。例如，教师可以分别对"My name's Gina""Is this your pencil？"等章节中的单词、词组进行教学，然后查看学生的英汉翻译结果，最后即可判断学生是否掌握了对应的英语知识点。

（三）利用技术创建教学情境

如今来看情境教学是一种较为常见且有效的课堂教学方法，若是可以把信息技术和教学结合在一起，在教学中渗透声音或者图片，那么就一定会使所创建出来的情境更加真实，学生们的代入感更强，收获到更好的学习体验，如此一来，教学质量自然而然就会得到提高。趣味性强的教学情境可以使学生的身心得到放松，以此保持良好的心态进行学习，就会更加积极主动。

例如，教师在教授"Playing sports"这一章节的时候，就可以充分借助信息技术，来对各种运动的动作进行展示，然后再让学生们通过观看视频，教师进行提问："What sport is this？"有的学生回答："This is running."还有的学生回答："This is swimming."这时教师再继续进行播放，并且在这个时候就会出现此项运动的英文代名词，并配有标准的语音，这样一来，课堂形式就有效地形成了师生间的互动，同时也极大地激发出了每位学生参与课堂学习的主动性，提高了自身对英语学习的兴趣，思维更加活跃，那么学习效果也就自然而然得到了提高。

（四）开展微课写作教学活动

写作离不开学生的词汇积累，更离不开学生逻辑思维能力的养成。目前，初中生的词汇量较小，他们普遍写作能力不强。究其原因，多数学生的中文写作思维较强，在英文写作时，常常用中文的写作思路来撰写英文文章。这种情况下，初中生的英语写作水平迟迟不能提高。因此，初中英语教师应该积极运用现代教育技术来增加学生的写作素材，带领学生了解多样化的写作技巧，进而培养学生的英语学习兴趣。

首先，初中英语教师可以展示一段以"How should we view junior high school English writing learning？"为主题的微课视频，并引导学生分析该教学内容。学生在结合自身学习情况分析这部分知识的过程中，会发现学习主题为英语写作，并积极组织语言发表自己的看法。这时候，教师可以提出教学问题"视频中的学生是怎么看待英语写作的？""视频中的学生为什么会产生不同的写作思路？""视频中学生的写作技巧对我们有帮助吗？"等，进而使学生在思考英语知识的过程中，加深对不同英语写作内容的认识。随后，教师可以让学生搜集写作素材，并尝试用口语来表达自己对英语写作的看法。接着，教师可以让学生仿照视频中的写作建议来完成该主题的写作学习。学生在写作过程中，不仅可以逐渐积累写作素材，还可以明确写作的窍门，找到英语写作学习的乐趣。最后，教师可以让学生课下观看微课，回顾已学的短语、语法、词汇、观点等知识，进而提高学生的英语写作水平。在此教学过程中，教师不仅让学生掌握了写作知识，还让学生掌握了写作思路，进而提高了学生的写作兴趣。

（五）借助技术进行词汇教学

对于初中阶段的英语教学来说，词汇教学始终都是英语教学的重要内容，同时这也是学生们常常会感到头痛的一项。教师若是应用过去的教学方法展开教学的话，其过程都是非常乏味的，教师干着急，学生们的学习兴趣也不高，致使教学效果一降再降。而现代信息技术出现之后，就有效地解决了这一问题，教师可以通过丰富多样的图片、动画视频等呈现相对应的单词，进而使单词教学变得更加生动有趣，并且通过直观化的教学还更容易吸引学生们在课堂学习中的注意力，加深每个人的记忆,从而使课堂教学变得更加有效。

例如,教师在教授学生们学习"tour""trip""travel"以及"journey"等单词的时候,就可以将这些单词制作成多媒体课件的形式,以此把这些单词的意思全部表达出来。比如,可以利用电子白板等多媒体教学设备,为学生们呈现出长途旅行的画面,进而来解释"travel",而"tour"则可以用短途、多点的画面进行表现,紧接着再用海陆空的画面来解释"journey","trip"则是利用短途或者定时画面来进行解释。此时教师还可要求学生们根据自身已掌握的知识进行举例,以此深化他们的记忆。

(六)营造英语口语教学范围

初中生的口语表达能力高低,直接反映了初中生的英语学习情况。初中生在特定的英语学习情境中往往更能够自然而然地表达自己的想法,因此初中英语教师应抓住这个教学特点,借助现代教育技术,为学生营造多媒体英语口语教学氛围。

例如,教师可以用多媒体设备展示一段与"Can you come to my party?"有关的短视频,进而让学生了解熟悉有关派对主题的英语口语交际内容。然后,教师可以用多媒体PPT来为学生展示一些与学生日常聚会相关的内容,让学生熟悉开派对过程中需要用到的英语口语交流内容。随后,教师可以让学生根据多媒体的提示思考"How to invite classmates to a party organized by yourself?""What do you need to prepare for a party?""How to actively participate in parties organized by classmates?""What should I say when participating in a party organized by my classmates?"等问题,进而使学生了解与派对有关的口语交际知识,提高学生的语感和听力水平。接着,教师可以继续引导学生思考在中西文化差异背景下如何提高自己的英语学习水平,并激励学生了解口语交际的相关知识,提高学生对中国文化的自信心。

(七)开展线上英语课外阅读学习活动

初中英语教师要想提高学生的阅读理解能力,就应该积极借助现代教育技术,引导学生在线上阅读课外阅读材料,进而培养学生的阅读习惯。现代教育技术背景下,许多学生喜欢用手机来认识世界、了解生活,教师可以充分利用这一点,为学生推送一些优质的微信公众号文章、微博文章等,以此拓展学生的阅读学习空间,使学生在课外阅读学习过程中提高英语学习兴趣。

例如，在教授"Have you ever been to a museum？"前，教师可以为学生推送有关线上英语课外阅读的学习材料，让学生结合课外阅读内容，来认识"Is there a museum around our school？""Why do people go to museums？""What types of museums are there currently？"等内容。学生在跟随教师的推送文章了解与博物馆有关的知识过程中，还可以提高自身的观察能力，了解博物馆对人民生活、学习、工作的影响，进而提高自己的英语预习效率。随后，教师可以在班级群中分享一些关于课外阅读学习的问题，启发学生思考如何借助英语学习过程来提高自己的英语阅读学习能力、开阔自己的阅读视野。最后，教师可以对学生的线上阅读学习情况进行提问，进而熟悉学生在课外阅读过程中遇到的学习问题，带领学生逐步解决学习问题，找到英语学习的快乐。

参考文献

[1] 朱凤华,刘敬凤.初中英语阅读教学中分层教学策略的运用思考[J].科学咨询(科技·管理),2021(01):282-283.

[2] 王丽娜.浅谈九年一贯制学校初中英语课堂的有效教学策略[J].科学咨询(科技·管理),2021(01):294-295.

[3] 朱利平.悦读,开启初中英语阅读教学的金钥匙[J].知识窗(教师版),2020(12):44.

[4] 吕欣荟.浅析语境教学法在初中英语词汇教学中的运用[J].海外英语,2020(24):212-213.

[5] 朱正芳.基于智慧课堂云平台的初中英语个性化辅导[J].校园英语,2020(51):232-233.

[6] 蒋鹏云.多元智能理论下的初中英语阅读分层教学[J].学园,2020,13(35):50-51.

[7] 王自强.试析互动教学在初中英语教学实践中的运用[J].学周刊,2021(01):113-114.

[8] 史文运.初中英语教学中核心素养培养对策研究[J].科学咨询(教育科研),2020(12):297.

[9] 邢友堂.探讨初中英语多媒体教学中师生互动探讨[J].中国新通信,2020,22(23):216-217.

[10] 吴丹凌.探寻初中英语阅读教学中在线教育平台的应用[J].读写算,2020(34):13-14.

[11] 刘伟.基于信息技术和大数据在初中英语教学中的应用[J].校园英语,2020(49):183-184.

[12] 和积军.过程写作法在初中英语写作教学中的应用[J].科学咨询(科技·管理),2020(12):279.

[13] 邢丽珊.职业启蒙教育在初中英语教学中的渗透研究[D].天津:天津职业技术师范大学,2020.

[14] 惠平. 教育信息化在初中英语教学中的应用探究 [J]. 学周刊, 2020 (36): 109-110.

[15] 骆媛. 初中英语课堂提问策略研究 [J]. 海外英语, 2020 (22): 192-193.

[16] 王兴. 关于初中英语教学中的德育路径探索 [J]. 海外英语, 2020 (22): 196-197.

[17] 赵培莉. 建构主义学习理论在初中英语阅读教学中的应用 [J]. 海外英语, 2020 (22): 202-203.

[18] 罗玲. 初中英语深度阅读教学研究 [D]. 长沙: 湖南师范大学, 2020.

[19] 孙玲玲. 初中英语阅读教学中文本解读的融入探究 [J]. 中学课程辅导 (教师通讯), 2020 (22): 46-47.

[20] 李玮. 浅析分层教学法在初中英语教学中的应用 [J]. 海外英语, 2020 (21): 151-152.

[21] 石军花. 简述新课程理念下初中英语校本课程开发与应用研究 [J]. 内蒙古教育, 2020 (17): 103-104.

[22] 刘红梅. 思维导图在初中英语教学中的作用分析及实践应用 [J]. 科技资讯, 2020, 18 (17): 128-129.

[23] 杨慧娟. 初中英语教学中构建智慧课堂的策略探究 [J]. 科学咨询 (教育科研), 2020 (06): 190.

[24] 葛涛. 刍议如何在初中英语阅读教学中有效地教学词汇 [J]. 科教文汇 (上旬刊), 2020 (06): 132-133.

[25] 李小红. 初中英语口语教学中存在的问题及措施研究 [J]. 才智, 2020 (16): 182.

[26] 王金芬. 翻转课堂应用在初中英语教学中的实践探索 [J]. 才智, 2020 (16): 88.

[27] 李文俊. 现代信息技术在初中英语教学中的应用 [J]. 科学咨询 (科技·管理), 2020 (06): 222.

[28] 陈英. 初中英语口语教学有效性的思考 [J]. 科技资讯, 2020, 18 (16): 119-120.

[29] 卢帼孜. 谈互联网在初中英语教学中的有效应用 [J]. 校园英语, 2020 (23): 132-133.

[30] 徐咏梅. 初中英语微课实施现状调查研究 [J]. 校园英语, 2020 (23): 174-175.